The Nordic Model
Embracing Globalization and Sharing Risks

北欧模式
迎接全球化与共担风险

〔丹〕托本·M. 安德森
〔芬〕本特·霍尔姆斯特朗　等/著
　　　塞波·洪卡波希亚

陈振声　权　达　解　放/译

社会科学文献出版社
SOCIAL SCIENCES ACADEMIC PRESS (CHINA)

This edition is an authorized translation from the English language edition.

© 2007 by Taloustieto Oy

All rights reserved.

本书根据Taloustieto Oy 出版社2007年译出

作者简介

托本·M. 安德森　丹麦阿巴斯大学经济管理系教授，英国经济政策研究中心（CEPR）、慕尼黑经济研究中心（CESifo）和波恩劳动研究所（IZA）研究员。他的研究兴趣为福利国家经济学、劳动经济学。他在国际期刊上发表了大量的专业研究文章，并在丹麦等许多国家参与了政策的研究和制定工作。他曾担任丹麦经济理事会主席和丹麦福利委员会主席等诸多职务，目前为瑞典财政理事会理事。

本特·霍尔姆斯特朗　美国麻省理工学院经济系保尔·A. 萨谬尔森经济学教授，亦在麻省理工学院斯隆管理学院兼职。他主要研究公司理论，特别是合同和激励问题。他新近的研究集中于公司治理、公司动态管理、财务市场供需流动性等方面。霍尔姆斯特朗是美国文理科学院院士、计量经济学会成员、欧洲经济学会会员、欧洲公司治理研究所研究员，他还是美国国家经济研究局（EBER）研究人员、英国经济政策研究中心（CEPR）执行委员会成员。本特·霍尔姆斯特朗自1989年起在芬兰库瑟考斯公司董事会任职，

1999 年起任诺基亚公司董事。

塞波·洪卡波希亚　1979 年获赫尔辛基大学社会科学博士学位，1987~1991 年任图尔库经济和商业管理学院经济学教授，1992~2003 年任赫尔辛基大学经济学教授，目前任剑桥大学国际宏观经济学教授。他曾在芬兰科学院担任研究教授，并到美国等国家担任访问研究员。2008 年初，他成为芬兰银行行长理事会成员。目前是欧洲科学院院士、芬兰文理学院院士、计量经济学学会研究员、欧洲经济学会研究员。塞波·洪卡波希亚是经济政策研究领域的活跃人物。1977 年，他曾是芬兰关于经济与货币联盟的专家委员会成员。2002~2007 年，他在慕尼黑经济研究中心（CESifo）欧洲经济顾问组任职。

塞克斯顿·科尔克曼　政治学博士，2005 年起任芬兰经济研究所（ETLA）和芬兰商业政策论坛（EVA）执行主任。1983~1988 年在芬兰银行总部任职，1989~2005 年任芬兰财政部司长，1995~2005 年任欧盟部长理事会秘书处司长。塞克斯顿·科尔克曼曾发表、出版关于宏观经济政策研究问题的论文和欧盟经济政策的专著。

汉斯·佐·瑟德斯特伦　1970~1984 年先后在斯德哥尔摩大学国际经济研究所担任研究员、高级研究员和副主任。1985~2002 年，在瑞典商业和政策研究中心担任主席与首席执行官。1992 年兼任斯德哥尔摩经济学院（SSE）经济系宏观经济分析副教授。2004年在斯德哥尔摩经济学院从事全职研究工作并任学院行政教育分院院长和总裁。他的主要研究领域是小型开放经济体和宏观经济政策。他已发表诸多该领域的科学论文,并出版教学用书,担任过许多政策顾问职务。1985~1996年,他因写有瑞典经济政策年度报告,而当选为SNS经济政策组织主席。

尤汉纳·瓦尔蒂艾宁 政治学博士,曾为斯德哥尔摩国家经济研究所研究人员,而后在芬兰瑞典语土尔库大学担任兼职副教授。2003~2005年,任斯德哥尔摩工会基金会经济研究会主任和执行官。他一直从事宏观经济方面的研究,包括芬兰和瑞典的宏观经济政策历史、劳动力市场宏观计量经济学、性别的工资差别和北欧国家集体工资协议经济学。

译者前言

《北欧模式——迎接全球化与共担风险》是由北欧国家和美国的优秀经济学家集体撰写完成的。本报告集分析了北欧模式，以及在2008年开始的全球金融危机背景下，北欧应对危机的经验与教训。中国学界近些年对北欧模式十分关注，但系统介绍北欧模式的书在国内并不多见。本报告集分析全面、论证清晰、语言深入浅出，希望对中国加深对北欧模式的了解有所裨益。

与本报告集的写作一样，本报告集的翻译工作也是由多位学者通力合作完成的。在翻译过程中，三位学者多次研讨，尽力使译文准确、连贯。刘影翔对本报告集的翻译组织工作付出了大量劳动。

本报告集翻译分工如下：

陈振声：前言、第一章

解放：第二、三、四、九章及封底

权达：第五、六、七、八章

在本报告集翻译、出版的过程中，得到所在单位各级领导及社会科学文献出版社的大力支持，在此表示诚挚的感谢。

译　者

2014年5月

前　　言

本报告集是多位作者的集体研究成果。我们对北欧模式及其目前面临的挑战的本质特征进行了多次讨论，最后形成了这本报告集。我们的团队对于北欧模式改革的必要性和方向已达成共识。

于我而言，我们的团队是一支"梦之队"，团队的所有成员都是志同道合者，塞波·洪卡波希亚是我们的队长。团队的所有成员都是杰出的经济学家，所有人对北欧国家面临的政策议题都十分熟悉。报告集对于所有希望更好地理解北欧模式的人们都能有所助益。

帕希·索尔约宁和来自芬兰经济研究所的成员对我们团队的工作给予了宝贵的支持。基莫·阿尔托宁和莱拉·列基宁高效的编辑工作令人啧啧称奇。其他许多同行也对报告集提供了建议和帮助，在此一并感谢。

本报告集得到 TT 基金会的资助。

塞克斯顿·科尔克曼

2007 年 12 月 4 日赫尔辛基

目　　录

第一章　导言与提要 …………………………………… 1
第一节　现实的北欧模式 …………………………… 4
第二节　北欧模式运行良好 ………………………… 5
第三节　北欧模式促进经济良好运行 ……………… 7
第四节　北欧模式面临挑战，改革迫在眉睫 ……… 9
第五节　诸多"疗方建议"无效 …………………… 13
第六节　有效的工资谈判过程至关重要 …………… 16
第七节　公共服务的私有化和/或外包可以提供
　　　　有效供给 …………………………………… 17
第八节　我们的改革原则 …………………………… 18

第二章　北欧模式：是神话还是现实？ ……………… 23
第一节　自由贸易和市场机制 ……………………… 25
第二节　风险分担机制 ……………………………… 30

第三章　北欧模式的表现 ……………………………… 40
第一节　就业和生产力水平 ………………………… 40
第二节　增长和技术 ………………………………… 42

· 1 ·

第三节　社会公平 …………………………………… 49
　　附注：增长会计 ……………………………………… 53

第四章　人口：从顺风到逆风 …………………………… 60
　　第一节　福利制度作为一种社会合同 ……………… 61
　　第二节　老龄化——趋势在扭转 …………………… 66
　　第三节　老龄化使得公共部门处于财政
　　　　　　压力之下 …………………………………… 69
　　第四节　与趋势斗争 ………………………………… 71
　　第五节　简单的办法？ ……………………………… 74
　　第六节　节省还是调整？ …………………………… 77

第五章　福利服务：攀升的成本与扩大的需求 ………… 80
　　第一节　服务成本日益增加——鲍莫尔效应 ……… 80
　　第二节　期待更多——瓦格纳效应 ………………… 82
　　第三节　对于休闲的偏好 …………………………… 85
　　第四节　一个简单的解决方案——让家庭
　　　　　　来提供服务？ ……………………………… 86
　　第五节　服务挑战与人口挑战并驾齐驱 …………… 87
　　第六节　为什么增加税收？ ………………………… 93
　　第七节　艰难之路：应对公共服务挑战的
　　　　　　办法是什么？ ……………………………… 100

第六章　充足的劳动者？充足的劳动？ ………………… 103
　　第一节　让更多的人工作——外延边际
　　　　　　很重要！ …………………………………… 107

第二节　工作更多而不是更少！ …………………… 111
　　第三节　失业福利、工作福利制与激活机制 ………… 115

第七章　更加灵活的工资谈判 …………………………… 123
　　第一节　统一工资增长 ……………………………… 124
　　第二节　工资形成的协商与分散 …………………… 126
　　第三节　工资形成与劳动生产率 …………………… 131
　　第四节　点评与结论 ………………………………… 133

第八章　公共部门的适当规模 …………………………… 139
　　第一节　竞争的价值 ………………………………… 143
　　第二节　外部影响与私营组织 ……………………… 145
　　第三节　政府提供服务的必要性——使命
　　　　　　与利益最大化 …………………………… 147
　　第四节　层级制的成本 ……………………………… 150
　　第五节　公共服务的未来——私营部门
　　　　　　"杠杆化" ………………………………… 154
　　第六节　结论 ………………………………………… 165

第九章　改革的原则 ……………………………………… 169

参考文献 ………………………………………………… 174

第一章
导言与提要

● 北欧模式：衡量标杆和大黄蜂

北欧模式被普遍地视为一个衡量标杆。众多的比较研究表明北欧诸国的经济社会运行指标居世界前列。跨国比较研究的一个共识是，北欧国家在经济效率、增长与和谐劳动市场相结合、收入分配公正与社会和谐相结合方面比其他国家更为成功。北欧模式在上述研究中被视为人们在可及范围内追求更好经济和社会制度的动力源泉。

与此同时，世界上也有许多观察者惊讶为什么"大黄蜂可以飞翔"——尽管假设北欧国家采用了一种以高税收楔子、普惠式社会保障体系和收入平均分配为内涵的弱经济刺激政策，但是其经济增长依然繁荣增长。批评者们一直在寻找北欧模式中的内在矛盾，他们质疑这种模式的可持续性。一些人甚至争辩说，北欧模式的经济运行只不过是一种例外的和暂时优势的表现，注定会随时间的推延而消逝。

● 北欧模式面临巨大挑战，大胆改革是必需的

本报告集将集中说明北欧模式运行的工作机制和面临的挑

战。众所周知，目前以全球化和人口结构变化为特征的经济和社会发展趋势对北欧模式构成了巨大挑战。北欧模式只有在明确了自身所面临的挑战并展开改革后，才可以继续保持活力并取得成功。

● 全球化是有利的，但同时也会对福利国家的财政造成伤害

全球化从根本上说是一次机会，而不是威胁。全球化是北欧国家生活水平提高和生产力增长的基础。然而，全球化不断推进的趋势对北欧模式造成了压力。亚洲和拉丁美洲的新兴经济体将迫使我们以最快的速度重构经济，进行新的生产定位，通过创新和新经济活动的增长来补偿工作机会的流失。同时，全球化导致国际流动性增长、国家间的税收竞争，以及对特定获利群体开放"社会旅游"的可能性，这也许会伤害福利国家的财政活力。

● 老龄化人口对福利支出和公共财政的可持续性造成沉重压力

人口结构变化——以老龄化为基本形式——增加了被动人口（退休者）的规模，同时主动人口（工作者）规模趋于缩小。这导致社会抚养比例大幅度增长，社会福利支出扩大和税率的提高。老龄人口和对社会福利服务的高期望值将造成公共财政紧张，而全球化引发的工作和劳动力流动更会加剧这一状况。目前的税收转移支付制度和社会公共养老制度被人们严重质疑。

在应对上述挑战的过程中，我们认为许多所谓的"解决办法"是根本无效的。例如，通过提高经济增长速度、提高

税收、提高生育率和采取更多的移民措施，这些都无法解决北欧福利国家的财政窘境。

• 北欧模式的优势应予保持：风险分担机制和支持工人及其家庭应对风险和变化的安全网络

与此同时，我们也坚信所有问题的关键是保持北欧模式的本质特征。北欧国家已经融入全球化并成为福利国家，我们所要说明的是，集体风险分担机制一直是积极应对全球化和竞争的方法。集体风险分担机制应该继续发挥作用，以保护和支持工人和他们的家庭应对风险的能力，适应时代变迁的新要求。

• 权利与义务之间的激励和平衡机制必须向支持提高劳动力参与率倾斜

此外，我们强调，高水平的劳动力参与率是北欧模式不可分割的组成要素。我们在劳动力市场和生产中必须有足够的激励机制，如财政奖励和劳动福利计划等。包含公共退休金内容的"社会合同"不应成为通过提高税率向下一代转移税负的借口。

我们还必须厘清福利国家的核心任务，明确公民有权享有的和不能企望的社会福利服务范围。提供高效率的福利服务至关重要，一旦发生棘手的和重大的公共治理事项时，我们可以通过公共服务私有化和外包的方式来解决公共服务满意度的问题。

最后，人力资本投资不应成为日益紧张的预算的牺牲品，对年轻人有利的事一定对社会的未来有利。

我们确定的事实和结论将在随后的章节中说明。有关这些事实和结论背后的推理也将在后面相应的章节中展开。

第一节　现实的北欧模式

● 北欧国家共同拥有的福利国家优势包括一套特别的劳动力市场制度和对人力资本的高投资率

现实中确实存在北欧模式这种特有的社会经济制度。很明显，北欧国家的经济和社会制度具有重大的区别。（在我们的报告集中，北欧国家集团特指芬兰、丹麦和瑞典，而挪威和冰岛则因为是非欧盟国家而享受特别的待遇，这两个国家分别高度依赖于石油业和捕鱼业。）但是，上述国家的相似之处则更为显著，它们都具备以下特征。

第一，都是全面的福利国家，强调对家庭的转移支付，通过极高的税收楔子和消费税来支持和提供社会公共服务。

第二，对人力资本的公共和/或私人投资巨大，投资涵盖儿童保育和教育，以及科学研究和开发。

第三，一整套的劳动力市场机制，其中包括强大的工会和雇主联盟组织、工资协调等重要因素、相对优厚的失业待遇，以及积极的劳动力市场政策的主导作用。

上述内容是明确且可以衡量的，北欧国家的相似性是有统计资料作为依据的。北欧国家在很多方面都倾向于形成具有自身特色的集团。其他欧洲国家（最典型的如荷兰和奥地利）常常只在某些特定的方面十分相似，但是北欧国家在重要的方面都看不到重大的差别。

● 北欧模式的基本特征是共同分担风险和全球化

虽然北欧国家的相似性十分重要，但是他们并不是由模式自身本质构成的，它的关键特质难以捕捉，是一种难以描述的系统性的特质。我们确信，北欧模式的基础是集体分担风险与对全球化开放的结合。这二者相互响应和支持：集体风险分担机制可以使国家公民接受全球化，并且便利政策调整使经济从变化的市场中获利，提高生产效率和收入。北欧国家一方面拥有庞大的公共设施和部门，另一方面也欢迎市场经济和加强竞争的努力。广泛存在于公民和公共制度之中的高度信任感，以及与福利国家平均主义（在教育和社会政策方面）理想相联系的公平感是支持这种安全与灵活性良性互动机制的关键。

第二节　北欧模式运行良好

● 北欧国家已经获得了令人满意的经济运行成效，并实现了高层次社会发展目标

许多指标表明，北欧国家已经相对成功地实现了自己的社会目标。近年来，这种成功还包含了令人满意的经济运行指标，在就业、生产率水平和人均国民生产总值方面都是如此。同时，北欧国家的宏观经济平衡，公共财政强健。从经济效率与社会平等有效结合的角度看，北欧国家的确是成功的。

事实上，在20世纪70年代，北欧国家（如同大多数经济发展与合作组织一样）经历了一个生产率缓慢增长的阶段，并在20世纪90年代发生过一次严重的财政和宏观经济危机，失业率高，财政严重失衡（丹麦的情况发生得早一些、轻一点）。即便如此，北欧国家还是跟上了美国的发展步伐。在过

去的25~30年里，如果以购买力平价调整计算国民生产总值的话，它们与美国不相上下，更不用说超过了欧盟15国中的大多数。北欧国家的经济运行长期保持高水平的全要素生产率增长，这种增长标志着技术进步，特别是信息通信技术在增长中发挥着重要的作用。更为重要的是，与通常的观点完全不同，北欧国家表现出了高水平的经济灵活性和经济结构变化的能力。宏观经济危机引发促进增长的结构变化政策（还有在1990年初的一段时期，货币大幅贬值提高了竞争力），从而加速了这一进程。

北欧国家在技术进步和信息通信行业增长方面处于前沿位置。北欧国家的金融市场向全世界开放，其公司治理机制运行优良，而且就公司层面而言，北欧创建的世界领先的公司数目多得难以置信。根据世界银行对173个国家和地区进行的排名，从经商便利角度来看，丹麦在世界上排第5位，芬兰和瑞典分别居第13位和第14位。就所谓"跨境贸易"而言，丹麦、芬兰和瑞典这三个北欧国家居世界前6位（其他三个是新加坡、中国香港和挪威）。从宏观经济稳定性的角度，特别是从财政基础稳定性、净外国资产地位的方面来看，北欧国家远远超出欧盟15国的平均水平，而且能够将物价稳定与相对较低的失业率结合起来。在世界经济论坛2007~2008年度"国际竞争力"排名中，三个北欧国家在131个国家中排在前6位。在德国经济研究所2007年度17个主要工业国家"创新能力"排名中，瑞典、芬兰和丹麦居前5位。慎重对待和解读类似的排名是很有必要的。但是面对大量类似的证据，我们很难争辩北欧模式与良好的商业环境不协调。

第三节　北欧模式促进经济良好运行

经济学家经常对北欧模式良好的经济运行感到迷惑不解，因为这里存在高昂的税收、优惠的社会保护制度，以及强大的工会组织和工资协调机制。很明显，北欧模式的一些特点必然要导致经济效率的丧失。许多研究专注于分析一个大规模的福利国家的经济成本，但同样明显的是，北欧模式中的其他因素克服了这些弱点。

● 经济运行反映了许多内容——经济和非经济因素

进一步明确探究所谓的"其他因素"包括三个范畴的内容。第一个范畴的内容包括全部经济制度的外源性因素，如人口结构与分布、气候、国家资源和宗教。第二个范畴的内容包括与经济制度有关的制度因素，如政治自由和廉洁、明晰的财产权利、可靠的司法制度，以及良好的健康和教育水准。第三个也是最后一个范畴的内容包括经济政策的直接效能，比如，贸易和生产要素的流动性、有利于劳动力供给的税收制度、积累与企业家精神，以及良好的交通与通信基础设施。

● 北欧国家向全球开放，商业中的国家干预相对受到限制，而市场规则受到尊重

北欧国家成功的故事可以部分地被第一个范畴的内容和第二个范畴的内容所解释，为了本报告集的研究宗旨，我们将集中探讨第三个范畴的内容，即促进增长的经济政策。在过去的一个多世纪里，北欧国家一直奉行自由贸易，在商品贸易（不包括农产品）中奉行低水平保护政策，这使得经济结构不

断发生变化，以及在具有比较优势的领域中具有专业化水平。北欧国家长期执行对移民开放的政策，这种移民政策不局限于具有专业技术的人员和具有商业技巧的企业家。北欧国家最新的发展状况是自由企业占压倒性优势，国家政府对商业的干预受到限制。工会组织具有较强的政治影响力，但它们不反对上述政策，也没有抵制引进新技术和离岸经济活动。离岸经济活动可以提高生产率和改善劳动力配置。

● 高税收在经济上是有害的，但如果公共支出支持就业和经济增长、权利转移制度与劳动力市场相关联，则其副作用可以减轻

看待北欧模式"大黄蜂"特质的一个角度是，研究公共支出中的一些重要的特点，主要包括儿童看护和教育、基础设施、研究和活跃的劳动力市场政策。这类支出可以削弱高税收的副作用。同时，这些支出将转移制度（特别是退休金制度）中的权利与贡献的联系，可以提高劳动力的参与度。进一步说，高水平信任度和廉洁度的效用不可低估，这种效用有利于保持公众的支持和大型公共部门的活力。

正如上面已经特别论述的，我们坚持认为北欧模式的一些关键性因素有利于促进增长政策的实施及这一政策的政治适应性。我们的争论点是，在一个有限的范围内，通过对生产资料的单纯积累是否仅能实现经济增长。技术变化和生产要素重置对专业化国际模式的效能更为重要。国际贸易和技术进步只有通过胜败输赢的结构变化才能引发福利的增长。新的竞争造成一些工作场所关闭、人员失业和劳动重置。支持自由贸易和市场开放的经济观点认为，竞争没有失败者，所谓的胜者如果不

是尽可能收其所获,则他们原则上是会补偿失败者的。然而实际上这种补偿并非总能兑现。因此,许多国家潜在的失败者运用政治和工会的力量来建立防线,通过严格的劳动市场规则,如严格的劳动保护措施、关税、非关税保护主义、政府补贴或公共垄断的方式来阻止新的竞争。

● 北欧模式的许多特质,最终创造出一种对受到结构变化负面影响人群进行补偿的机制

北欧模式通过建立一系列制度,使胜者通过结构转化机制在一定程度上向失败者补偿,这被视为促进增长政策技术变化、获得对自由贸易和开放市场政治支持的途径。固定的工资制度、活跃的劳动力市场政策、通过税收转移重新分配收入和全面、慷慨的失业保险计划都被认为是上述补偿制度的组成部分。但这并不是说,这些政策的所有部分都是为补偿目的而设计的,也并不意味着这些项目在以胜者为代价补偿败者的政策方面特别有效。特别需要指出的是,许多公共转移导致既定个人人生过程中的资源重新分配,而非不同个人之间资源的重新分配。不过,我们认为社会和劳动市场政策对北欧国家动员政治支持一直很重要,这使国家在生产领域采用新技术,在国际自由贸易和国内市场竞争保持开放状态。

第四节　北欧模式面临挑战,改革迫在眉睫

北欧模式也许一如既往地有效,但我们确信今日之北欧模式正面临许多挑战,它们将北欧模式置于严重的压力之下,北欧模式需要从根本上进行改革以保持自身可持续的生存发展。

● 北欧福利国家在失业和人口年龄结构挑战方面显得十分脆弱

挑战根植于北欧福利国家构建的基础，这个基础是建立在税收财政之上的大量社会服务：儿童看护、基础和高等教育、医疗保健和健康服务，以及老年人看护。这是北欧模式很重要的方面，它使人可以获得基本的福利服务、独立的收入和就业资格。但是它同时也是产生问题的原因，从长期来看，它使公共财政走进了死胡同。

首先，一部分人对福利服务的需求倾向增长超过收入（这一现象被经济学家称为"瓦格纳法则"）。其次，源于福利服务生产的本质，其生产率增长效率总是逐渐走低的，总体上低于物质生产（或其他服务）的增长效率。假设在所有生产部门和行业中工资同速增长，则福利服务生产的单位成本增长必须高于整体经济增长（这就是经济学家所说的"鲍莫尔法则"）。

● 对福利服务的需求总是趋于增长，而福利服务生产的相对成本总是趋于上升，这正是福利服务支出高于国民生产总值的原因

上述两种现象说明了福利服务的全部支出增长高于当期的国民生产总值。只要这些服务生产仍然存在于公共领域，或只要还是税收财政，则税收负担就必然显示出不断随国民生产总值增长而上升的倾向。这是我们几十年一直生活于其中的福利国家的一个问题。然而，从早已沉重的税收负担开始，税收楔子有效成本将在一些阶段迅速上升，高税率将在实质上引发对就业和增长的严重危害。我们似乎接近了一个关键点，即因高

税率带来的净损失——以及，特别是这种税负对劳动参与率——开始带来严重的负面影响。从全球化和人口变化影响的角度看这个问题更是如此。

全球化总体上是有利于经济增长的，因为它通过提供国际货物、服务交换或国际流动性因素的机会，提高了生产要素的回报率。但是如果这种回报率增长在长期内不减弱，则国际劳动力流动性将一直存在，而这正是对福利国家和北欧模式的一种威胁。对受教育、退休、享受照料的权利，在生病、残疾和失业的福利原则上是属于全体公民的，但是归属于个人而实现的这些权利，所有的成本都是由集体承担的，是通过税收制度来分担的。

- 税收竞争和社会旅游主义也许会变成增强公共财政关注的根源

当劳动力流动性不断变强时，它可能产生一种只享受上述福利权利而不用分担成本（缴税）的现象。有很多这方面的例子。受国内税收财政支持的大学毕业生越来越多地在国外开展事业（并付税）。长期在国外工作（并付税）的公民在退休后回到祖国，获取免费（或廉价）医疗保健和老年看护福利。一些特定的移民群体的失业率和失能补助金获得率高于国内公民。不断上升的由"社会旅游"带来的对社会福利权利的申索和对因劳动力流动造成的税基腐蚀，对北欧模式的长期可持续发展造成严重危害。

- 剧烈的人口结构变化成为对福利国家财政可持续发展的最重要伤害

北欧模式面临的最严重的挑战是人口流动结构的变化，它

尤其对特定的提供老年看护支持的社会服务和转移的公共部门构成了挑战。人口中的老年人口构成将在大多数欧洲国家发生变化，而且在此后的几十年内这种变化将更加剧烈。这种人口结构的变化是由以下两个因素推动的：一是暂时的"婴儿潮"，大量的20世纪40年代和20世纪50年代出生的人到达退休年龄；另一个是由预期寿命延长所造成的长期影响。上述老龄人口变化的后果之一是，芬兰的工作年龄人口下降到当今总人口的66.5%，到2040年这一比例将下降到57.5%，总人口中65岁以上老人的比重将从16%上升到26%，极高龄人口（85岁以上）比例将从同期的低于2%上升到6%以上。丹麦和瑞典的相关数字与芬兰相似（虽然程度稍轻一点）。相应地，这些国家的抚养比在2010年开始迅速上升。

● 公共财政记录目前有大量盈余——然而从长期看，公共财政目前处于不可持续的状态

很明显，福利国家中人们的贡献与获取之间的平衡正在发生变化，上述的人口结构变化将福利制度的财政可持续性置于危险之中。根据芬兰财政部的推算，由于缺乏改善与更正的措施，芬兰总体的政府预算盈余将变成赤字（到2050年公共债务将占国民生产总值的120%）。这一推测（尚无预测）使福利国家获得一个信息，即公共财政从长期看是不可持续的，特别是在评估目前的支出项目和税收率时更是如此。两难的是，目前总体的政府财政记录是有大量盈余的，而从长期看，除非在长期的基础上采取重大措施来改善预算状况（至少需要投入国民生产总值的1%~2%），政府财政似乎又是不可持续的。

第五节 诸多"疗方建议"无效

在公共讨论中,人们提出了许多关于应对挑战的建议。不幸的是,这其中的许多建议经过仔细研究后被证明是无效的。我们在这里提出一些不那么有利于改革的建议,说明它们为什么无效。

- 更高速的增长不会解决公共财政的可持续发展问题

经济增长。解决北欧模式财政可持续发展问题最常见的建议是,采取措施全面提高国民生产总值的增长率。这个建议引发了一个共同的感觉——"做更大的蛋糕",获取足够的税收收入和其他的资源,以解决福利国家不断增长的福利需求问题。然而几乎没有证据证明,经济增长本身解决了上述问题,相反,经济增长甚至有可能加剧问题的严重性。应该重点指出,我们在未来不应把经济增长比赛作为努力提高生活水平的关键。然而,无论经济增长多么令人满意,也难以解决未来几十年中福利国家所面临的财政难题。

- 经济增长增加了税基和税收收入——但同时也造成公共部门的工资预算、转移支付和福利服务需求的增长

国民生产总值增长主要是通过提高实物商品生产力实现的,而生产率变化取决于背后的许多服务。不过,更高的私营部门生产率将提高实际工资,而这不仅提高了私营部门的工资,而且也提升了整个经济体(包括公共部门)的工资(作为市场力量和/或工会的工资协调机制的影响)。虽然经济增长增加了税收,但它同时也提升了公共部门的工资预算。此

外，政治压力通常使得公共退休金和其他转移支付永远低于总收入的增长。最后，更高的收入似乎将增加对公共服务的需求。所以，总的结果也许是，更高的经济增长导致公共财政状况的恶化而非改善。经济增长帮助改善公共财政只可能在一种可疑和不真实的假设下实现，即公共部门工资和/或转移支付可以长期低于总收入的增长。

● 更高的、全面的税收率不再是现实的选项

更高的税收。从技术角度看，财政的可持续性问题可以通过充分提高税收率来解决，或者现在就提高（为达到"税收平滑"），或者晚些再提高，不然就会出现赤字。然而，只有在经济增长对税基不产生或仅有微小消极影响的假设下，税收增长才可以解决财政问题。我们不相信在经济高税率，且高税率在全球存在的情况下，这种假设是真实存在的。更高的税收楔子将导致被征税的工作（如在常规行业工作）被不被征税的工作（如休闲、家务劳动和"非正规行业"工作）所替代。更高的税收楔子还将对企业家精神、储蓄和资本积累产生有害影响，从而也对经济增长产生有害影响。长期来看，国际流动的税收来源，如高技术人才，将更多地在税收负担更小的行政管辖区域工作。

因此，我们认为，在目前北欧国家的环境中，那种试图通过提高整体经济的税收负担来增加税收年收入的方法是不可行的。当然，这并不排除在效率优先的税制改革中，一些税收是可以提高的，特别是像针对排放和交通拥堵的庇古税，另外，一些具有相对固定税基的税收也是可以提高的。

第一章　导言与提要

- 人们也许希望有更多的孩子，但是这并不能解决公共财政问题

更高的生育率——更多的孩子。人口变化导致更多退休者和更少工作者的人口老龄化趋势。鼓励多生育子女似乎是个不错的直接应对人口变化挑战的方法，但事实并非如此。如今，不断上升的生育率实际上迅速提高了今后20年的抚养率，未来将会有更多的孩子需要抚养和教育。与此同时，将会有更多的婴儿潮一代的人退休，更多的老人需要赡养。从长远看，在增加的新生婴儿的生命周期里将面临同样的预期寿命延长的问题。在其生命周期内，他们并不单纯是福利制度的贡献者。因此，提升生育率的方法无助于解决福利国家的财政可持续发展问题，在今后的几十年里更是如此。

- 更多的移民也许有益，但无法现实地解决财政问题

移民。移民是全球化的自然组成部分，劳动力流动可以通过如减轻特殊领域技术人才的短缺状况而支持经济增长。移民可以暂时减轻人口变化挑战的压力，但只有在我们可以接受的政治范围内和其他非现实因素的前提下，这种有限的解决方法才可以生效。首先，我们必须保留权利，只有那些准备迅速加入劳动力大军并接受任何工作的青年可以成为移民。这就使得对移民年龄、教育程度、健康和语言技巧的遴选变得十分严苛。其次，我们必须拒绝与移民相关的人员（孩子、父母和亲属）一同前来，除非这些相关人员也符合移民条件。最后，我们需要确保移民不比本土居民更加依赖福利制度，比如，他们不能享有更多的病假、失业和提前退休的福利机会。即使可

以满足这些不现实的政治条件，移民的积极效应也将随移民达到退休年龄而消失。

第六节　有效的工资谈判过程至关重要

劳动力市场上的各相关方可以对改革有所贡献，特别是可以通过引进更加有效的工资谈判机制，来共同应对北欧模式所面临的挑战。丹麦、瑞典的经验显示，工资集体协议的持续作用可以与个人化的工资结构并行。

工资集体协议的作用可以减少下述问题和任务，并具有巨大的能效。第一，它们可以继续维护产业稳定发展，同时给地方层面更多的空间谈判工资。第二，中央组织机构需要就一些特定的基本条件，如全部工作时间等，达成一致。第三，中央组织机构可以确定地方工资结构。

我们相信，有很多理由实行个人化的工资结构，它更值得我们注意，特别是在芬兰。芬兰的生产组织在许多方面发生了变化，这些变化提供了不同于泰勒制的组织激励和灵活性。个别公司更多地发生经济震荡，因此需要公司内部进行更多的调整。灵活工资设定的必要性还与一些特别的功能和任务外包相关联。瑞典和丹麦的经验显示，非集中的工资形成机制在一定程度上加重了工资分散化，同时减少了工资上浮。总而言之，我们认为，宏观经济的稳定和全面的社会保障改变了劳动力市场环境，强调更加分散化的工资设定的重要性，同时确保其结果不会引起工人更多的担心。

第一章　导言与提要

第七节　公共服务的私有化和/或外包可以提供有效供给

同样重要的是，在众多核心服务行业中，公共行业必须保持其组织和财政功能，同样，还要确保其所担负的任务以绩效方式得以完成。这些服务业的生产效率可以通过与其他公共或私人服务提供者进行目标竞争而得到提高。提高公共服务的生产效率确实是解决本报告所描述的财政困境的关键所在。

● 更多公共服务的私有化和/或外包可以在某些情况下帮助提高效率，特别是可以使一些困难的和重要的公共服务治理问题得到成功处理

但是，我们不能过于简单地相信这个解决方法。许多私有化和外包的建议是建立在错误地将私有部门与公共部门的活动进行类比的基础上的，因此，有些断言可能过于乐观，甚至思考和行动方向是完全错误的。公共部门产出的真正的公共产品，无法实现个别定价和市场交易。国防、执法和公共行政机构是显而易见的例子。试图通过类似市场刺激的机制增加这些领域的生产率，则伴随着腐败的风险和严重的质量问题，最终可能对个人的法律权利和总体上的法治造成伤害。从这个角度讲，尽管也许有人认为这些领域有些过度官僚化，但其实是合理的且是有人故意为之的。

外包和市场的解决方法在其他更具有私有属性的领域，如教育、医疗保健和老年看护等，是更可行的。上述方法可以通

过服务提供者更加响应客户需求、员工更加强化任务目标来改善服务质量。但是，外包同时与派遣这一重要问题相联系。在完成服务活动的同时实现利润最大化，在私有公司有造成坏结果的可能，因为成本是容易测量的，而服务产出的质量——有许多测量维度——是非常难以监控的。这并不是说在福利服务生产中的私有化和外包是绝不可能成功实现的，而仅仅是说，这是一个复杂的过程，最好是先从个案（从实践中学的方式）开始，然后再大规模展开。

第八节 我们的改革原则

- 北欧模式应该改革，以增强其力量

北欧模式面临严重的挑战，有许多的应对方法经不起仔细检验。毫不意外，在面对老龄化和日益剧烈的全球化竞争的环境时，要保持福利国家大规模的收入再分配，是没有简单易行的解决方法的。然而，为了确保对自由贸易和开放市场持续的政治支持，我们认为北欧模式的核心可以并应该得到保存。所谓核心，是指一种综合的和具有强制性的机制，用于分担劳动力市场风险和其他风险。我们在这个意义上并不提倡根本的变革或全面调整整个制度。我们当然已经认识到重大改革的必要性，包括一些困难的、争取必要的政治支持的行动。通过以上论述，我们已经明确了有效的工资谈判过程和机制的重要性，以及加强公共服务生产效率的可能性。这里，我们简要地通过图1-1提出一些需要更进一步思考和改革的问题，这些问题均在后面的章节进行了论述。

第一章 导言与提要

● 财政问题源于社会合同和人口年龄构成变化

最关键性的问题与"社会合同"有关，如图1-1所示。该图可以用两种方法加以解读。一是思考其所显示的具有代表性的公民在生命周期中对公共部门所做的纯粹贡献。这些公民年轻时从公共（或公共补贴）儿童看护和教育中获益，在工作活动期间做出净贡献，在退休后，成为公共转移支付和公共服务的纯粹受益者。另外一种解读方法是，思考在特定时间点对公共部门做出净贡献的群体与不同年龄群体之间的总的或平均关系。

● 人们开始工作的时间推迟了，但他们经常要求提前退休，且活得更长久些

公共财政的紧张状况将主要取决于图1-1中净支出年龄群体和不同年龄群体在人口整体结构中的分布。福利国家面临的一些挑战现在可以提前描述为："婴儿潮"现象意味着众多的人目前或很快将从净贡献者变为净接受者，因此，在A到B区域表现的是对公共财政的积极贡献减少，而B到C区域表现的是负贡献上升。工作生涯开始的时间已经推迟（从A点向右方移动），工作生涯结束的时间提前（从B点向左方移动），同时，人的寿命显著延长（从C点向右方移动）。所有这些变化都减少了总体的净贡献量，增加了对老年人的公共支出。对老年人公共支出增加的深层原因是医学科学的进步，不断有新的和更加昂贵的医药和疾病治疗方法出现（在B点和C点之间的移动曲线下降）。

图1-1还可以用于解释改革必须寻求的方向和应该采取的行动。

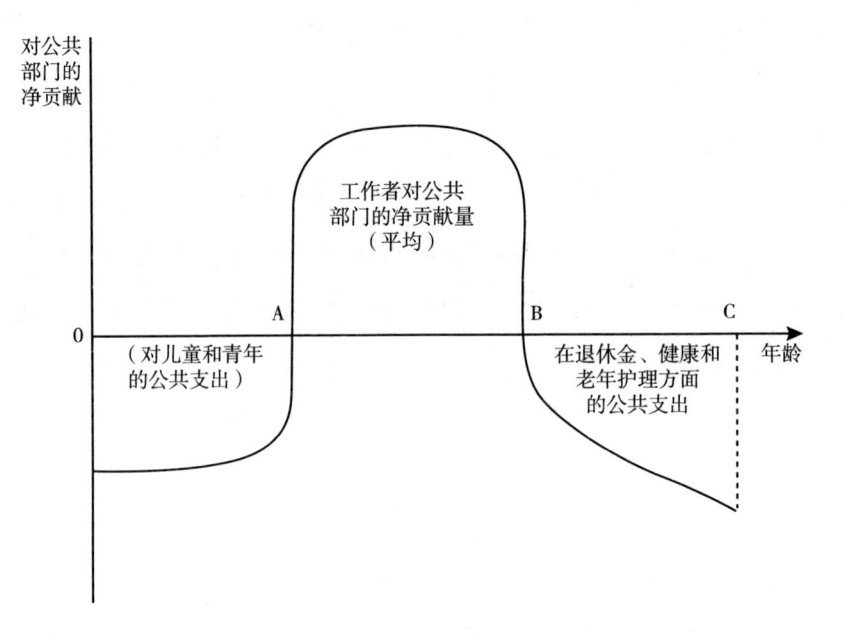

图1-1 从生命周期或年龄功能看社会合同对公共部门做出的净贡献

第一，工作生涯应该更早地、更有效地开始。教育显然具有提高效率的余地，特别是高等教育。我们认识到政府无须补贴教育中的"消费因素"。

第二，如果劳动力参与率增长而失业率下降，工作年龄人口所付的平均净税收将会增加。北欧国家将需要重新确认以往对参与工作生涯的重要性，寻找方法来降低对福利的依赖度。这就要求降低工作期间的税收，进一步完善社会保护以便减轻"失业陷阱"的危害，包括更好地利用工作福利要素。政策制定者应废除不必要的影响工作积极性的内容，比如"休年假"和其他有碍积极加入劳动力队伍的因素。

高就业率同时也需要采取行动，如改善劳动力市场上的供需匹配，以及具有良好功能的工资谈判机制。这样，在劳动力市场层面而非国家层面的谈判中，各方可以发挥重要作用。

经济研究显示，主动的劳动力市场政策措施在整个就业中所起作用之小令人失望。此类措施最多只对那些将面临边缘化风险的年轻人有积极效应。另外，减少失业率需要失业保险计划的改革。减少享受福利时间和确定停止享受福利期限很有必要。更加主动地监控福利接受者寻找工作的努力，把增加培训或激活工作动力项目作为领取失业福利的条件，也可以加快人们从失业向就业的过渡。

第三，有效的退休年龄应被进一步延长，其中包括弱化提前退休刺激的措施，退休金领取者将被鼓励继续工作。相应的措施是，给正在工作的已退休者更为慷慨的税收优惠（在瑞典和芬兰这一措施分别叫作"jobbavdrag"和"ansiotulovähennys"）。这对于公共当局在第三产业安排老人就业同样重要。

第四，对青年群体而言，退休金成本必须不能成为一个过于沉重的负担，退休金规则（享受福利的水平和退休年龄规定）应该根据寿命延长情况而做出相应的调整。后者在北欧国家（虽然退休金规则指数的制订和实施有所不同）已有例子，但是全部的退休金支出仍然会显著增加，芬兰的情况尤为严重。通过有计划的退休金发展总体构想和风险重新审视退休金支出水平，并提升退休金支出水平所允许的税收率（Korkman 等，2007）是必要的。

第五，提供福利服务的公共部门核心活动应得到更好的界定，健康和老年护理的责任范围应得到明确。由于既定的人口

结构变化，福利服务不仅将占用大量资源，而且还会造成对税率的巨大压力。最终人们只能通过给公共服务和以税收财政为基础的福利服务设定上限来减轻这种压力。这种情况已经发生，行政当局发现自己的财政入不敷出，所做出的反应只能是服务质量下降和/或按比例提供健康和老年健康护理服务（按排队先后顺序）。公民有权享受的福利服务的水平和范围更加透明，可以更便于公民为其生命时间做出计划（和储蓄），更利于补充性私有服务的发展。

第六，提升福利服务生产率是关键。在提供人对人服务方面，生产率的提高面临巨大困难。然而，此类服务总与行政和其他的任务相联系，而行政和其他的任务很容易被合理化。如前所述，在福利服务领域中是具有改善组织激励、私有化和外包空间的。我们可以竞争提供福利服务，强化社会目标，并为此创造条件，但这需要克服许多障碍。

对北欧模式来说，最好的情形是将有效的市场与强势政府相结合。将效率和团结结合起来的愿望是有价值且现实的。但是，人口结构变化将进一步加剧福利国家的窘境。必须重新评估普遍主义的理想，即人人都获得高质量的福利服务而不用付出或付出很少成本。为我们福利的公共责任设置边界和上限不应被看作对北欧模式的攻击，而应被看作为了应对人口结构变化和日益激烈的全球竞争而采取的保存北欧模式本质及活力的方法。人们有必要重新强调工作和就业的重要性，强调公民的权利与义务得到正确平衡的重要性，以使北欧模式在未来得以生存和发展。

第二章
北欧模式：是神话还是现实？

- 北欧模式：是社会主义实验还是大黄蜂模式？

人们对北欧模式有个假想版本。这个版本将北欧模式理解为社会主义实验，有着令人喘不过气来的高税收和高压管理。家长式的官僚体制决定了民众由生到死的命运。在其他地方，北欧模式可能既不高效也不令人向往。然而，我们一要在本章中说明北欧模式确实存在，二要在下一章展现它的不俗表现。因此北欧模式似乎与大黄蜂有着些许共性：虽然空气动力学定律始终无法证明大黄蜂能飞，但大黄蜂一直在飞[1]。显然，这说明我们需要修正北欧模式的这个假想版本。

小型、开放经济体一方面严重依赖国际发展环境，另一方面需要应对全球化进程。全球劳动力的分工创造了巨大的潜在利益。然而，这些利益只有经过一个结构改变的过程才能实现，在这个过程中既有成功者也有失败者。因此，加大开放会造成工人恐慌、工会反抗和政策制定者的抵制。值得

注意的是，北欧国家的公民和组织总体上理解并支持贸易自由和经济开放。我们假设，北欧模式的主要特征是开放与风险分担的相互影响是积极且有益的。假设的结果是，北欧模式的构成要素——税收、财政转移和消费政策，以及劳动力市场制度和劳动力参加率——是不能单独评估的，而必须被视为属于一个全面的、在一定程度上紧密相关的系统中的一部分。

● 全球化使收入提高成为可能，但需要调整结构，全球化过程中既有成功者也有失败者。风险分担使安全性得到提高，并使全球化更易被人们接受

本章首先指出北欧国家许多共性。包括诸如劳动力市场制度、劳动力市场表现、对全球化和新技术的态度及政策，以及福利国家的设计及其社会政策等方面。然而，我们的重点并不在这些显而易见的特点，而是那些影响北欧国家表现及其长期政策发展方式的要素。我们强调两个基本且相互关联的政策方向，这两个方向长期发挥着重要作用，特别是在第二次世界大战后，作用尤其突出，即自由贸易（具有愈加广泛的意义）和风险分担机制。北欧国家以提高生产力和收入的方式，从全球化中受益。纵然福利制度和劳动力市场制度抵御了经济开放所带来的相关风险，但我们还是要说，风险分担通过调和工人、公民所渴望的保障和市场开放所要求的灵活度，促使人们接受了全球化。虽然往往在一些事件的压力下才能推动，但风险分担促进了北欧国家修改其制度和政策，使其既能从全球化进程中受益，又能应对全球化进程中的挑战成为可能。

第一节 自由贸易和市场机制

● 由于资源基础薄弱、周边条件有限，自由贸易对于小型国家来说是必需的

北欧国家都接纳了自由贸易，除一些部门外，它们支持自由贸易已久。小型国家选择自由贸易这个政策方向不难理解。特别对于那些资源基础薄弱、周边条件有限的国家来说，这是个明智的选择，进入国际市场的重要性如同获得高水平生活的先决条件。此外，出口要长期保持一定速度的增长，以保证进口，使经济实现可观增长。反过来，经济增长要求经济本身无论如何都要适应外部环境的变化。战后历史充分证明，北欧国家重视通过工资适度上涨、货币贬值，以及各种结构性政策手段保持其竞争力。

● 政府过去经常采取切实措施管理工业和经济

信奉自由贸易并不意味着会更广泛地采取有利于市场的态度，与大部分欧洲和世界其他地区国家一样，北欧国家第一次在第二次世界大战后的数十年里处于严格管控之中。当时结构性经济政策奉行的是干涉主义，而宏观经济政策是积极且谨慎的。政府大量涉足了产业管理工作，例如通过国有公司并进行补助性投资。

当时，对开放、竞争的考虑大多局限在商品出口和制造业，有时还要考虑通过货币贬值来支持商品出口和制造业。而对于其他经济领域，例如房地产业、银行业、保险业、食品业、零售业、农业和能源产业，行政管理大行其道，定价由企

业联盟（卡特尔）决定。由于政府选择性地补贴大公司，以及较高的营业税，加上对投资和留存收益的有利税率，这势必会将资金"锁在"以前较为赢利而非目前赢利的公司，因此减缓了经济的结构性改变。

20世纪80年代，资本市场和国际金融流量愈加受到重视。信息技术领域的发展刺激了增长，极大地削减了跨境信息流动的成本。利用金融新机遇、获取本国公司国际融资的能力愈加被视为公司竞争力的必需。此外，金融监管的有效性曾由于信息技术、公司全球化，以及因此可能造成的逃脱监管而受到削弱。这些形势的发展为迟到的资本市场监管重估和外汇市场监管工作铺平了道路。

从时机、顺序和配套政策方面来看，20世纪80年代末，放松金融监管工作实施得并不好，这与20世纪90年代初在瑞典和芬兰发生的一次严重的银行业危机有关，而早在10多年前，丹麦就发生过一次相对温和的危机。20世纪90年代中期，瑞典和芬兰经历了20世纪30年代以来最严重的经济下滑，创造了历史最高失业率。尽管如此，金融市场的自由化仍被视为北欧国家经济发展的关键一步。这使得金融市场得以快速发展，利率由市场而非行政管理决定，市场流动性得到改善，宽广的融资选择和投资出口使更好的管控风险成为可能。

- 金融自由化、严重衰退和欧盟成员身份"引发"了一次深刻的经济政策的战略转向，虽然这不是终极目标的战略的转向

除了金融市场的发展以外，当时确实还有其他一些重要的推力。对瑞典和芬兰来说，严重的经济危机和获得欧盟成

员身份的前景"引发"两国对监管政策和其他政策开展更为广泛的重估工作。在这些情况下，北欧国家逐渐放松了监管，提高那些以前受监管的经济部门的竞争力，比如能源业和通信业。税制改革在扩大税基的同时降低税率，引入二元所得税制，调整后的资本所得税在金融和投资选择方面提高了税收中性。宏观经济政策从针对周期性目标的自立行动，转向为"基于规范"的政策。货币政策承担起维护价格中期稳定的责任，而财政政策逐渐调整为符合公共财政的长期可持续。福利制度的福利水平及其他方面也是重新考虑和行动的对象，对此下文将予讨论。甚至连原先未受到特别严格监管的劳动力市场，也经历了工资谈判形式愈加松散的转变。

● 更多有利于市场的政策帮助了北欧国家应对新技术和全球化

北欧国家政策制定者曾在选择自由化进程时没抱太多热情。虽然学术上批评干涉主义政策的失败起到了一定的作用，但他们并不像是一下子就认识到了市场机制的好处。相反，倒是在一些压力下，监管政策和其他政策才得到调整。在全球化内在联系的影响下，最初信奉自由贸易的观念发展成为信奉市场的政策。有利于市场的政策逐渐凸显，这在后来被看作是为北欧经济体发生的成功转变做出了贡献，帮助北欧经济体应对新技术和新竞争。此外，在新环境下，北欧国家已经重新调整了政策，从关注竞争力转变为关注经济供给方面和支持研发与创新方面。

图2-1的数据支持了北欧国家采取顺应、利用而非压制市

场动力的说法，并呈现了经济合作与发展组织立法保障就业严格程度指数（EPL，纵轴），以及产品市场监管严格程度指数（PMR，横轴）。这些指数是在广泛的基础上系统编制出来的，是做产品市场和劳动力市场监管国际比较的现有最佳衡量指数。

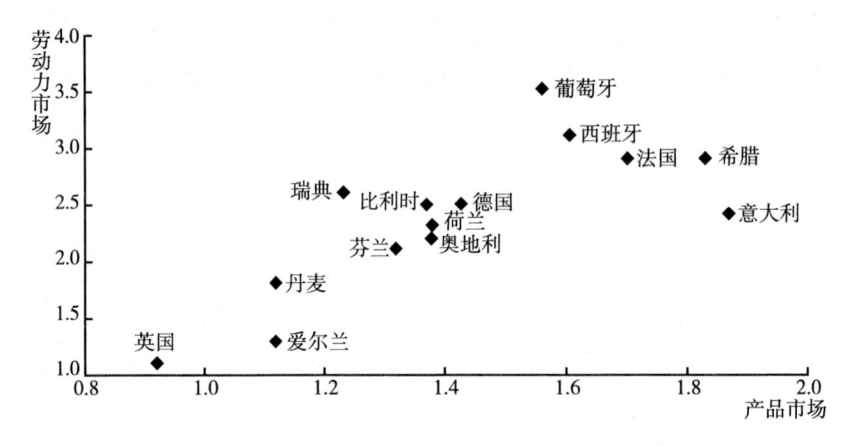

图 2-1　欧洲 15 国监管（2003）[①]

说明：立法保障就业严格程度指数 = 立法保障就业总和指数；产品市场监管严格程度指数 = 产品市场监管。

资料来源：经济合作与发展组织经济调查：意大利—经济合作与发展组织（2007）。

● 北欧国家不及南欧国家，以及欧洲大陆对市场的监管严格

由图 2-1 可知，指数之间相关性很强。瑞典更倾向于监管劳动力市场，而意大利更倾向于监管产品市场。此外，可以看出，欧洲 15 国可以很好地归为四种常见类型。盎格鲁—撒克逊国家最为自由，除丹麦外，这些国家的立法保障就业严格程度

[①] 依照原书内容，图题为"欧洲 15 国监管（2003）"，图中仅列举 14 个国家的数据。——编者注

指数（EPL）和产品市场监管严格程度指数（PMR）排名最高。紧随其后的便是北欧国家，特别是丹麦。再之后是欧洲大陆国家。根据这两项指标，地中海国家是最热心于监管的。

虽然有广泛的基础，但图2-1中的数据并不足以概括欧盟成员国对待市场机制的态度。不过，有其他大量信息都指向了同一个方向。在世界银行集团编制的"经商便利"（EDB）指数中，北欧国家排名很高。丹麦、瑞典、芬兰三国位居世界经济论坛出版的"全球竞争力指数"前6位。在为国内市场而转化/转换和遵守欧共体立法方面，北欧国家有很好的记录。在银行领域，今天的丹麦、芬兰对竞争设置了较低的监管障碍，而所有的北欧国家都制定了较松的审慎监管规定（de Serres等，2006）。用更宽的视野来看，由加拿大智库菲莎研究所（Fraser Institute）编制的、涉及面广的"经济自由指数"和由一家瑞士经济研究所（苏黎世语"Konjunkturforschungsstelle"）推出的"全球化指数"，都对北欧国家给予了很高的评级，且各国家组之间的评级差距和图2-1的情况大致相同。按照伯格（Bergh，2006）的说法，过去几十年北欧国家的这两项指数都得到了大幅提高。有意思的是，在衡量外部开放性（即"跨境贸易"）的"经商便利"（EDB）次级指数排名中，丹麦、瑞典和芬兰同其他几个国家或地区（新加坡、中国香港和挪威）位居世界前6位。

● 向全球化开放和市场的自由化，成功促进了经济向知识密集型转型

我们要重复一下本报告集的论点：20世纪80~90年代，在IT革命和全球化所创造的新环境下，随着北欧国家扩大了

其长期信奉的自由贸易，北欧国家接受了金融资本开放以及要素流动。有关进程开始后，要求进一步自由化的争论十分激烈且得到增强。现已没有明显理由认为北欧国家正受到严格管控，要是将欧洲15国作为参照，更是没有理由如此认为了。

事实上，北欧国家更像是自由化的先驱。自由化促进了北欧国家经济的成功转型，使其更倾向于知识密集型的经济活动。北欧国家也因此成功地适应了全球劳动力正在发生的分配变化。特别是芬兰，其过程一直显著且迅速，这得益于该国业已存在的、为大多数年轻人提供的高质量教育，以及政府对研究、创新的支持（这方面内容将在第三章讨论）。以下将要讨论其进程也因风险分担机制所提供的保障而加快。

第二节　风险分担机制

● 全球化与风险相关，而人们是反对风险的，这就是风险分担机制的作用

全球化与巨变相关，并蕴含着风险：全球化被视为可以提供机遇或是造成威胁。通常个人是无法抵御失去工作或是其技能被淘汰的风险。因而，社会保险就起了作用，或者从更广泛的意义上来说，就有了由集体承担风险的方法。如此看来，福利制度与劳动力市场制度一同发挥了重要的作用。多年来，政府职能从传统"守夜人"的角色（维护法律、秩序和公共管理）扩展到开始承担再分配和提供更多服务、职能广泛的角色。从广泛的意义上说，如今公共部门的很多职能都可被视为通过共担机制而进行必要的风险分担。

● 北欧福利制度需要全民福利、综合社会保障、政府补贴的社会服务，以及很高的税率

北欧国家的确是以大福利制度、高税率而闻名。社会保险和社会保障制度覆盖面广、包容性强，或是从"普遍性"的意义上说——全体公民，就法律权利上讲，在遇到疾病、致残和失业等不测事件时，就可享受一定的保障。这些保障没有附加条件，与个人是否有支付能力或以前的缴税情况无关。除了统一的福利金外，社会保障提供了比较丰厚的替代收入，而这些通常无须进行经济状况调查[2]。财政主要通过税收实现，这意味着福利制度与个体之间伴随他们一生的大量收入再分配有关。而全民享用的公共社会服务，要么是免费的，要么得到了政府的大量补贴。就满足大部分人口需求或要求的意义上说，这已达到了相当高的水平。

保险与（收入）再分配之间的界限并非泾渭分明，因为社会保险经常与某些再分配相关。此外，从更广泛意义上来说，由税收资助的许多公共部门的活动可被理解为风险分担的组成部分[3]。关于福利服务及其转移的规定有助于降低贫困的发生率及其风险。用大局的眼光来看，考虑到人们对风险表现出的一贯的反感，一个平等的社会加上公共部门在一些领域（例如，儿童看护、教育、健康、老年看护和养老金）所发挥的强大作用可以成为一个诱人的选择。（Sandmo，1998）

● 北欧国家的社会是平等的，但平等主义不是它们骨子里的东西

北欧国家的收入和财富差距比其他国家都小，从这个意义上说，北欧国家的社会是平等的。有人可能会推断，这是因为

这些国家的国民和决策者们十分重视社会公平。然而，我们很难相信平等主义是他们骨子里的东西：为什么北欧会有一类特殊群体，他们与其他群体不同，相对于效率更重视公平？在此，更说得通的一条理由是：这是为了强调，北欧地区特别欢迎那些使平等主义政策发挥作用的先决条件。

特别是，北欧国家都是小型国家且人种相近，这些国家在福利制度发展的年代是多么的与众不同（后来，政策未能将大量移民全部融入劳动力市场和社会中去）。人种相近有助于产生互信，有助于产生"社会资本"的关键因素。"社会资本"被广泛地认为可以通过促进行动协调以提高社会效率。事实是，根据现有指标，例如欧洲价值观调查，即通过估测认同"多数人可以信赖"的人口比例来测量互信程度，北欧国家（包括荷兰）的互信程度比其他国家都高。高水平的互信程度与较少的腐败有关，这对（人们）信任权威部门和（人们）接受再分配政策来说至关重要。调查表明，北欧国家腐败程度特别低（"透明国际"①）。

- 北欧国家对平等的追求在其历史和文化中根深蒂固

人们通常认为，北欧国家在平等主义政策领域的雄心与其民族和宗教相似的背景相悖。此外，人们还提到独立农场主、劳动力转移影响地方和国家政策的问题的漫长历史[4]。这大概可以促进公民间的高度信任，并促进相对廉洁、高效的公共管理的出现，使公共管理能够规划风险分担机制，并执行大福利

---

① 监视世界各国腐败行为的非政府组织（NGO）"透明国际"。——译者注

制度下的社会项目。其效果不仅体现在公共部门的规模上，而且在公共部门的任务上一直都很明显；在一些对宏观经济政策和劳动力市场制度的态度上，也能体现出旨在达到风险分担目标的精神。

宏观经济政策的一个主要目标是保持充分就业并有效使用资源。但是，宏观经济政策也可被视为是一种加强公民经济安全和降低投资风险的方式。这些抱负隐藏在所有北欧国家长期奉行的宽松货币政策和财政政策之下，特别是以周期性货币贬值、公共部门就业人数平稳增长的形式而存在，以扮演"最后的希望——雇主"。虽然政策的重要目标仍是保持低而稳定的失业率，但在过去的20年间，提高目标实现的战略和手段已经发生了显著变化。

● 宏观经济政策和劳动力市场机制可被视为风险分担机制

北欧劳动力市场机制——高度工会化、与工资压榨相匹配的高度协调的工资议价、积极的劳动力市场政策和相对优厚的失业救济金——可以理解为是风险分担的趋势的反映（Agell, 2002）。更具体地说，在强大伙伴和政府扶持政策之间协调谈判的基础上，这套制度体系可被视为提供给那些工人们的一种保障方式，而免受某些严厉立法下的劳动力市场监管缺陷所带来的影响。

以上提到的这些原因能够在一定程度上解释大福利制度在北欧国家现在/已经比在具有其他文化和政治背景的国家更易实施的原因。然而，北欧国家的政策曾在20世纪70年代至80年代间过度增长。例如20世纪80年代末，瑞典公共开支超过其GDP的60%，而多数全职职工的边际税率大约在70%。劳动力市场管理严格，工资政策愈加成为"工资同酬"，因此削弱了技术形成和劳动力转移的动力。货币和财政政策也向着愈加不可持续的方向发展。

正如前文所述，很多的发展——例如金融自由化、深重的危机，以及欧盟会员——触发了人们对政策的再评估，这不仅为监管进一步放松，而且为宏观经济政策的新方法，以及在一定程度上接受更高灵活度的劳动力市场铺平了道路。虽然基本目标仍未改变，但与危机相关的巨大预算赤字导致了人们对公共部门和福利制度政策的再次思考，一些公共部门削减福利水平以及后续税率的削减的情况出现了。大量改革的引入，旨在提高社会保障项目的激励效应，养老金改革就是一个重要的例子。公共服务的部分私有化或外包，使之处于竞争的压力之下。虽然北欧国家改革的时机和先后有所不同，但所有北欧国家在过去20年的时间里都对其公共部门和福利政策进行了大幅度的改革。

到目前为止，与国际上其他地区相比，北欧国家的公共部门仍然庞大。其公共部门吸收的税收份额比其他国家都多，税赋也较高，并获得了大量资源，数量接近或超过GDP的50%（见表2-1，2006年税收负担、全部开支占GDP百分比）。这些资源大多用于社会开支。但是，北欧国家的"社会转移税"比其他国家都要高。此外，还应考虑到公共批准的私人开支或社会公益，而这些是立法部门强加在雇主身上的（Adema和Ladaique, 2005）。正在调整中的北欧国家，在公共开支方面绝非是领先的，但瑞典在社会开支占GDP方面排名较高（见表2-1，2003年社会开支占GDP百分比）。

第二章 北欧模式：是神话还是现实？

表 2-1 公共部门和社会开支

	2006年税收负担[a]占GDP百分比	2006年全部开支[b]占GDP百分比	2003年社会开支[c]占GDP百分比	2003年儿童保育和早期教育开支[d]占GDP百分比	净平均失业救济金替代率[e]	养老金总更新率[f]	养老金的累进指数[g]
丹 麦	49.0	51.1	23.8	1.6	78	83.6	59.3
瑞 典	50.1	55.5	29.2	1.3	73	63.7	12.9
芬 兰	43.5	48.5	22.7	1.4	73	63.4	7.6
德 国	35.7	45.6	29.5	0.4	73	39.9	26.7
法 国	44.5	53.7	29.8	1.2	62	51.2	24.6
奥地利	41.9	49.1	23.9	0.6	64	80.1	30.4
比利时	44.8	49.0	26.0	0.8	62	40.7	58.8
荷 兰	39.5	46.7	20.6	0.5	73	81.7	0.0
卢森堡	36.3	40.4	—	0.9	71	90.3	18.6
意大利	42.7	50.1	25.3	0.6	5	67.9	3.1
西班牙	36.7	38.5	19.6	0.5	50	81.2	18.8
希 腊	27.4	36.7	—	0.4	25	95.7	2.6
葡萄牙	35.4	46.1	23.2	0.8	63	54.3	18.8
英 国	37.4	45.1	22.8	0.6	63	34.4	81.1
爱尔兰	31.7	34.0	15.6	0.2	70	38.2	100.0

说明：a. 各项税收总和（所得税、财产税、资本税、社会保障支出及间接税），经济合作与发展组织税收统计（1965～2006）。

b. 经济合作与发展组织经济预测（2007），政府一般总支出，附表25。

c. 净公共批准社会支出，见 Adema & Ladaique (2005)。

d. 经济合作与发展组织（2007），社会开支数据库（1980～2003）。

e. 2004年统计，失业60个月净平均失业救济金替代率百分比，已婚夫妻，一人工作平均工资，享受社会救助。经济合作与发展组织（2007），保险与工资，巴黎（www.oecd.org/els/social/workincentives①）。

f. 经济合作与发展组织（2007），*Pensions at a glance*。

g. 经济合作与发展组织（2007），*Pensions at a glance*。

---

① 原网址已作废，http://www.oecd.org/social/socialpoliciesanddata/benefitsandwagesoecdindicators.htm。——译者注

●北欧国家公共部门虽然规模大，但社会净开支并不比其他地区高

北欧国家社会政策的特点是，儿童保育和早期教育占其GDP支出份额较高，此外，北欧国家以资金和服务的形式在家庭支出方面约占其GDP的3%~4%。失业救济金的替代率较高（见表2-1，净平均失业救济金替代率），但要考虑到北欧国家的受益资格①和条件越来越严格，这取决于能否在劳动力市场中"有效"获取工作福利制度的要素。而欧洲北部国家的养老金替代率（见表2-1，养老金总更新率）比盎格鲁—撒克逊国家高，但低于其他欧洲南部国家（除丹麦在一些情况以外）。此外，北欧国家养老金的"累进指数"比较低（见表2-1，养老金的累进指数），这表明，养老金与缴税密切相关，因此，统计计算方面相当公平，而这次丹麦再次成为特例，丹麦的养老金政策十分宽松，并采取统一收费（丹麦语folkepensionen）的方式。总之，北欧国家的公共开支高，但是绝大部分开支被导向支持劳动力的高参与率。

无须多说，北欧国家之间的巨大差异也是很明显的，虽然，北欧国家在同国际上其他国家比较时，拥有惊人的相似之处。与欧洲其他国家或是其他地区的国家相比，北欧国家在许多方面是一个特殊的"群体"，人们对此印象深刻。的确，在新技术、研发或是环境政策方面[5]，我们可以很容易地列举出北欧国家在劳动力市场制度、福利制度设计、政策等更加具体的领域中的诸多相似之处。

●列举北欧国家相似之处是件很容易的事

然而，相似之处的数量并不重要，重要的是，各种制度、

---

① 受益资格，即获得失业救济金的资格。——译者注

政策之间的相互关系。复述一下重点,本章所论述的是,最近几十年,北欧国家拓展了其对自由贸易的长期义务,在全球化的压力下,为了应对全球化,北欧国家对风险分担机制进行现代化调整。向全球化开放、注重社会保障的重要性不仅在于其本身,而且在于两者的互通互联和相互支持。自由贸易和生产要素流动是获得高生产率、提高收入的关键因素。但是,全球市场的开放竞争带来了一些影响,包括离岸活动及工人下岗,如果社会保障网和劳动力市场政策能够缓解这些影响对工人和当地社区的冲击,那么在政治上,也更能被人们接受。

- 关键:开放创造了收入增长的潜力,但同时蕴含着风险,人们对安全提出更多的要求,而安全正是福利制度所能提供的

有证据表明,在那些社会保障制度广泛的国家,人们对自由贸易和全球化持更加积极的态度(Sanz 和 Coma,2007)。而且,根据 Rodrik(1998)关于开放和公共部门规模的阐释,对外开放可以提高人们对保险、保障的需求,这是有一定道理的。因此,风险分担机制与向全球化开放共存不是巧合,而是我们所认为的"北欧模式"的重要特征之一,而且形成了一种泛化的"弹性安全"制度,这种制度的目标是帮助经济、社会应对危机,并在这个急速变化的时代做到与时俱进、适应新要求。

注释

[1] 维基百科所涉及的流行观点,根据该观点"空气动力学定

律证明，大黄蜂应无法飞行，因为大黄蜂所依靠的翅膀的承载能力不具备飞行的能力（以其翅膀大小或每秒拍打次数来看）"。但后续又有一个有趣事件，维基百科报告称，基于"对飞行翼摆动的简单线性分析"是错误的，同时"更为复杂的空气动力学分析表明，由于翅膀每个摆动周期都会受到动力失速的影响，所以大黄蜂具备飞行能力"。与大黄蜂类似的是，北欧模式显然不仅是关于高税收和大政府的。关于此类比的信息，也可见Thakur等人（2003）的研究。

[2] 北欧国家也有一些其他形式的社会援助，并需要进行经济状况调查后才能发放，因此会产生"贫困陷阱"的情况。但是，现实情况是，与其他国家相比，全民福利计划的国家通常较少进行经济状况调查，发生严重的贫困陷阱的情况也较少。

[3] 特别是这种情况：如果一个人开始在"无知的面纱"下思考社会的选择，即以罗尔斯①观点假定的独立个体为例，那么他不会知道自身的社会地位或他要在社会处在什么位置。利用这个思维实验，罗尔斯意在尽快找出理论根据，以说明公平的某些基本原则。然而，现实的政治对话不会在真空里发生，而是在被明确定义的各种行为人以及经常的利益冲突的一定背景下发生。因此，罗尔斯理论的实际意义已明显被这个事实弱化了。

[4] 虽然当前世俗化严重，北欧国家的文化仍深受路德教②信条的影响，强调社会成员间优良的职业伦理操守和团结精神（甚至强调顺从主义的压力）。独立农场主的漫长历史以及地方自治的传统，是值得关注的其他特征。斯堪的纳维亚的国王们不仅与尊贵（贵族阶级）和教堂，而且与长

---

① 约翰·罗尔斯（John Bordley Rawls），美国政治哲学家、伦理学家，罗尔斯的《正义论》及后续的《政治的自由主义》、《公平的正义再陈述》都属于20世纪思想界最具影响力的作品。——译者注

② 马丁·路德（Martin Luther），是16世纪欧洲宗教改革倡导者，基督教新教路德宗创始人。——译者注

期拥有土地的农场主共享权利。早在 16 世纪，瑞典王国的国家管理已相当高效。北欧国家从未成为像法国或英格兰那样的阶级社会。最晚于 1920 年，由于内部矛盾，劳工运动和北欧社会民主党放弃了资本主义将会崩溃的观念。相反，改革主义者的眼光是，社会主义的未来将建立在一个繁荣和增长的经济之上而非资本主义废墟之上。随着获得更多影响力和权力，劳工运动成为社会稳定的因素——虽然芬兰比其他北欧国家的劳工运动来得要晚一些。

[5] 见，例如，欧洲经济顾问组织（2007），第四章。

第三章
北欧模式的表现

- 这是后视镜里的观察,而不是对未来的向导

如第一章所述,现在普遍存在一种认识,即北欧国家在许多方面,特别是在社会平等程度较高的情况下,在协和经济效率方面做得很好。本章将介绍一些事实,用于评价这种认识的合理性。首先我们将通过(经济)活动水平和增长表现看一看经济效率各方面的情况,之后再看一看社会方面的情况。需要强调的是,我们正在观察后视镜;本章将对过去的(经济)表现进行回顾和评价。无须多说,目前没有充分理由推测未来会延续过去的趋势发展;许多国家和地区在经济发展过程中经历过重大的间断。后面几章的内容将阐述、评价我们认为未来会面临的特别重要的一些挑战。

第一节 就业和生产力水平

- 应该如何衡量(经济)表现?应该拿什么作比较?

将北欧国家与其他地区或国家的经济效率相比,并没有单

一的衡量方法。然而，我们可以说，考虑就业和生产力是有一定道理的；一国就业和生产力达到较高水平，其经济效率就可被视为是令人满意的。生产力不仅要看其发展水平，而且要以动态的眼光来看（下一部分将会展示），因为生产力的增长是目前要达到更高生活标准的最重要来源。也许有人会问，应该拿哪些国家与北欧国家作比较。在此，我们主要用欧洲15国（EU15）和美国与之比较。有人会反对说，拿欧洲15国与北欧国家进行比较，会使北欧国家的结果过于乐观，因为欧洲15国的经济增长长年乏力。为什么不能与东方那些有活力的经济体进行比较？但是，总的来说，鉴于在经济、制度和文化背景上与北欧国家的相似性，我们认为欧洲15国是合理的参照对象。

• 北欧国家兼有较高的就业率和不错的生产水平

与其他欧洲国家相比，北欧国家经济在就业和生产力水平方面来看是不错的（见图3-1）。就业率的高水平，部分原因是女性劳动力参与率较高。足够真实的统计是，北欧国家的全民平均工作小时数要高于西班牙和葡萄牙，但北欧国家的生产力水平要低于这些国家。此外，多数欧洲大陆国家的生产力水平都比较高，但是通常其就业率较低。同时实现高就业率和高生产力的主要是盎格鲁—撒克逊国家和北欧国家。这也意味着，这些国家实现了较高水平的人均GDP，而这是由工作小时数和生产力水平决定的。为表示上述关系，图3-1给出了"水平曲线"（或"等量曲线"），曲线穿过了德国和芬兰两国的坐标点；而水平曲线的定义性特征是，在曲线上的坐标点代表的国家的人均GDP水平相同，就像德国和芬兰。会有人补

充说，北欧国家的可支配收入和人均个人消费较低，它们仅比南欧国家的水平高，而公共部门吸收了经济创造的大部分收入[1]。

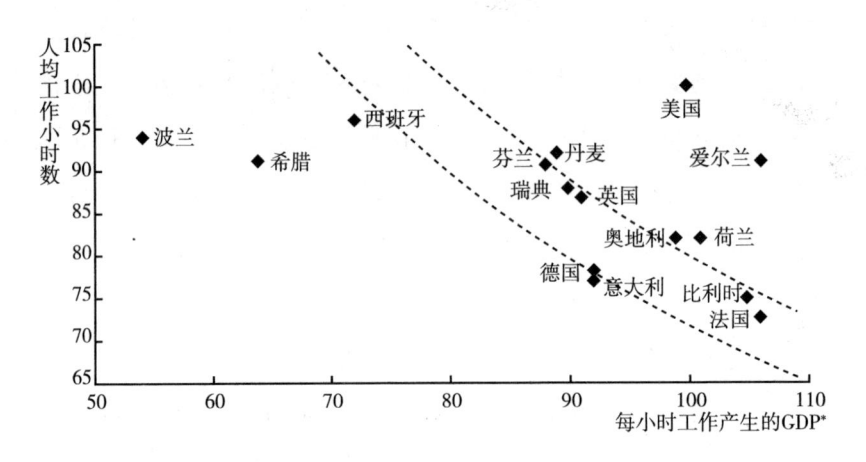

图3-1 就业（平均工作小时数）和每小时的生产力

＊购买力平价，用EKS方法计算。
资料来源：美国经济咨商会、哥罗宁根增长与发展中心。

第二节 增长和技术

● 在过去的40~50年里，多数欧洲国家的增长差异可被解释为穷国（最初）赶超的过程

现在，我们转而用动态视角检查北欧国家增长的表现。首先，我们会注意到，从20世纪60年代开始，北欧国家的人均GDP增长率看上去并没有偏离人们所期望的"赶超"框架（见图3-2）。只有芬兰，在1960~2006年的一开始，就实现了人均GDP增长率超过人们一直所能期望到的赶超和所认为

的人均 GDP 水平。当时丹麦、瑞典的增长低于欧洲 15 国的平均水平，但是鉴于这两国本身相对较高的起点水平，似乎可以说得通。爱尔兰是个明显的"局外人"，其增长率比人们基于人均 GDP 增长率与 GDP 水平的关系所预期的增长率高出 1%。

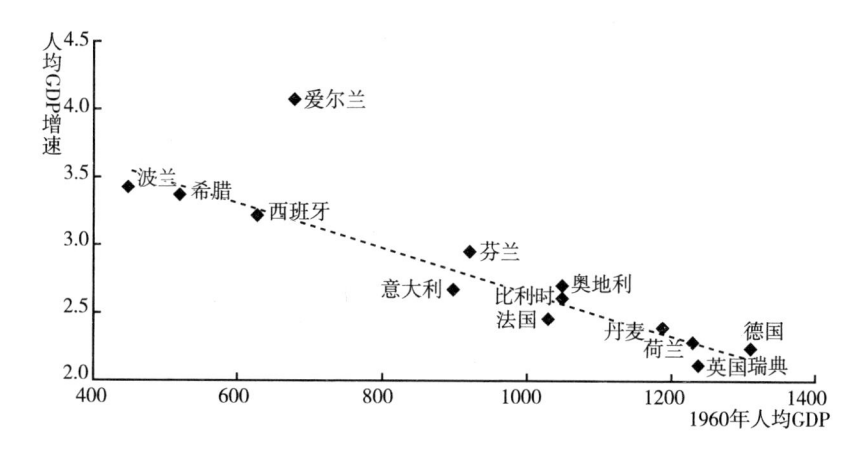

图 3-2　欧盟 15 国人均 GDP 增长（1960~2006）

资料来源：欧洲统计局。

● 过去 10 余年，北欧国家增长状况一直相对良好，且一直从 IT 革命中获益

图 3-3 提供了更多近期增长表现的信息，并展示了 20 世纪 80 年代中期以来，相对于美国的人均 GDP 发展情况。芬兰逐渐赶超丹麦和瑞典；现在北欧国家在上述方面的表现非常接近。20 世纪 90 年代初期对于芬兰和瑞典来说是特别困难的时期，因为在这一时期两国均经历了较大的衰退[2]。自那以后，两国经济得到了快速增长，进度超过了当时的欧元区和美国。总的来说，丹麦也跟上了美国式的增长进度，而欧元区的增长一直较慢[3]。

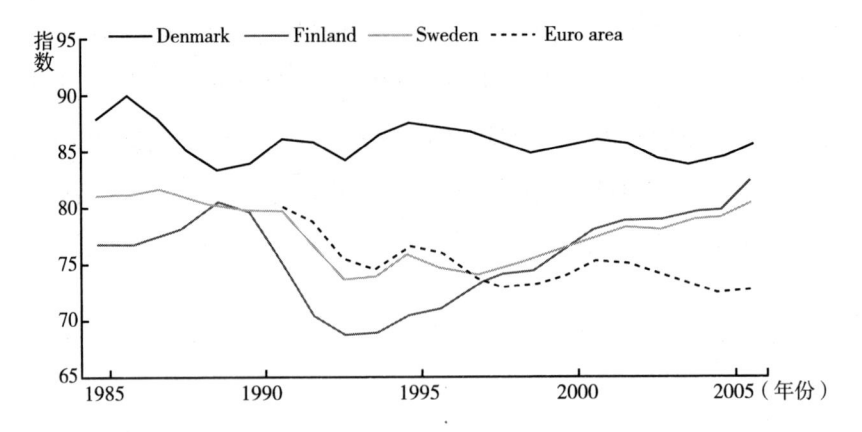

图 3-3 购买力平价调整后的 GDP 水平，
美国 = 100 （1985~2006）

资料来源：IMF。

- 本章附注包括各类增长来源的、具有定量意义的计算，特别是极为重要的 IT 和"全要素生产率"的计算

近年来，北欧国家经济增长与更多使用新技术相关，这反映出这些国家愿意参与信息与交流技术（IT）发展，并从中获取好处。事实上，这些国家是运用 IT 的先行者，20 世纪 90 年代中期，也就是那个 IT 革命真正腾飞的时代，这些国家在 IT 资本中占有相对较高的份额。在本章附注中，我们将运用增长计算法定量地评价各种增长来源的重要性。我们确实发现，20 世纪 90 年代以来，IT 资本对北欧国家增长的贡献一直很重要（这与美国相似），而且通常比其他非 IT 资本更重要。

- 北欧国家在基于知识的经济道路上更加领先

总体数据证明，北欧国家在 IT 普及方面表现不俗，例如 IT 开支，或是人均个人电脑拥有量。图 3-4 显示了 IT 开支所占 GDP 比和每千人拥有的电脑数量。瑞典在上述两个方面都名列前茅，芬兰的分数也高于平均分。在IT开支方面，丹麦与欧盟平均值接近，但其在拥有电脑的人数方面取得的分数很高。根据世界经济论坛的信息，在测量IT环境，以及各种利益攸关方运用IT的意愿方面，这些北欧国家在全球的排名很靠前（排在第1、2、4位）。

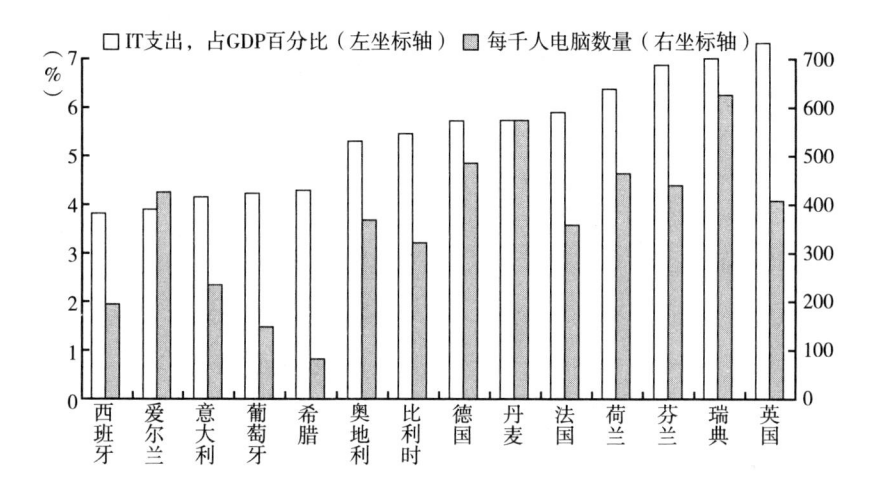

图3-4 欧洲15国IT开支与普及（2003）

资料来源：世界银行发展指数（2005）。

需要强调的是，这些指标测量了IT在经济中的使用和普及情况，但从生产方面来看，则会出现不同的情况[4]。事实上，IT生产在芬兰所起的作用十分明显，在某种程度上，IT在瑞典经济中的作用也比较明显：2004年，IT在芬兰占其工业生产总值的11%左右；IT在瑞典超过其工业生产总值的7%。IT在丹麦和欧洲15国的作用比平均水平略高。

IT资本或IT普及水平并未体现出技术在多方面的重要性。特别是在芬兰和瑞典，本章附注里计算的数字显示出技

术进步一直在总体上所起的促进增长的重要作用（参见全要素生产率增长或 TFP 增长），但技术进步未能归入任何一种特殊要素。全要素生产率增长的困难在于，我们无法直接测量（合理精确）它反映的要素，例如各方面知识进步和经济活动组织的结构性变化、创新情况。在这些间接的增长要素中，通常认为，特别重要的是高质量教育制度、激烈的竞争和放宽管制、创新和创业精神。下面，我们将对这些要素进行评述。

我们通常认为，教育是保持全要素生产率总体增长和经济总体增长的关键，虽然人力资本及其形式难以测量。那些指标，如受教育年限、改变劳动力教育构成，都无法体现出人力资本投入的潜在效果。特别是，使用新技术[5]、提升劳动力质量可与技术进步起到相互补充的作用。

- 北欧国家在教育上投入很大，并取得了不错的成绩

北欧国家比其他国家在教育上投入得要多，因此，北欧国家的青年人受教育时间相当长。事实上，北欧国家高等教育中的中年人比例相当高（受教育时间为24～25年），这要比美国或爱尔兰（受教育时间为20～21年）长得多。这可能不仅表明人力资本投入情况，而且意味着北欧国家大学制度在效率方面有提升空间。无须多说，高等教育对于新技术的普及和经济增长的前景[6]来说特别重要；我们将在第八章再次讨论这方面的问题。在此，我们将仅仅通过观察（见图3-5）就知道，北欧国家在教育开支方面比欧洲15国更大，但这并不包括高等教育。在数学方面，高投入的国家（包括北欧国家）的学生表现更好，虽然投入与学生表现的相关性并不明显。

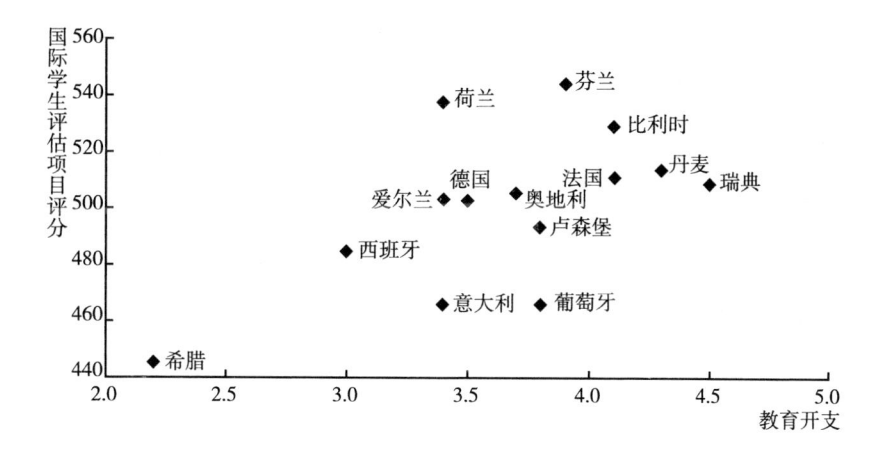

图 3-5　教育开支与学生表现

说明：a. 学生数学方面表现平均分数，2003 年国际学生评估项目评分。
b. 2004 年，初等、中级和大专（非高等）教育，百分比 GDP。
资料来源：经济合作与发展组织，《教育一览》（2007）。

- 自由监管政策支持竞争，有助于新公司的建立

由于技术变革在很大程度上与新公司的出现和更高生产率公司的出现相关，所以竞争程度就成为全要素生产率增长的一个重要潜在要素。公共政策对竞争的影响的一种方式是，对监管政策进行改革——监管更宽松的经济体使新公司的建立更容易，并以此提高经济竞争力。Alesina 等人的研究（2005）表明，监管改革也可以使公司投资增加，因此不仅可以通过全要素生产率增长，也可以通过资本积累的增加来施加对竞争的影响力。

欧洲国家的严格监管可以通过产品市场监管的结构指数和经济合作与发展组织建立的立法就业保护得到印证，这已在上一章图 2-1 里展示了。英国和爱尔兰（以及美国）是经典案例，这些国家在劳动和产品市场方面的监管很少。

从参考图表来看，所有北欧国家监管程度都特别低。这点很重要，因为在监管干预下，传统的增长来源比依靠高技术、新产品而实现的增长所受的影响要小，以此我们应该大力鼓励竞争。

就劳动力市场而言，丹麦在立法保护就业方面相当乏力。在芬兰，特别是瑞典，立法保护就业更严格一些。但是，芬兰和瑞典在最近几年也减少了就业保护。芬兰针对的是固定就业群体，瑞典针对的是临时就业群体。

推动创新、促进新的生产活动的创立，是又一项推动全要素生产率增长的、可行的政策工具。但是，我们很难精确衡量创新活动和创立新的生产活动与长期增长的相关性。在此，我们认为风险资本（VC）融资和研发（R&D）投资这两项指标，可以通过其开支所占GDP的比率来衡量。

对于风险资本融资，统计数据可以分为"早期"、"晚期"，或是"扩张"的风险资本融资。美国是明显的领头羊（见表3-1），但芬兰和瑞典的数据也不错。一个比风险资本投资更有意思的指标是，风险资本投资在以不同形式进入高技术（投资）活动中所占的份额。而这项指标绘制了与之前大体相似的情景：北欧国家比欧洲平均标准分值高，但落后于美国。

表3-1 风险资本投资，相对GDP的比率（2000~2003）

	早期	晚期[a]	占高技术份额		
			通信	信息技术	健康/生物科学
丹麦	0.057	0.065	13.2	19.3	28.2
芬兰	0.085	0.104	13.5	20.0	1.3
瑞典	0.088	0.147	10.2	13.9	17.3

续表

	早期	晚期[a]	占高技术份额		
			通信	信息技术	健康/生物科学
欧盟	0.041	0.089	13.5	11.7	9.9
美国	0.115	0.260	26.8	35.1	13.0

说明：扩张和替换。全部数据为相对GDP的平均比率（2000~2003）。
资料来源：经济合作与发展组织。

- 创新与风险资本：北欧国家做得不错，但还不够

数据表明，北欧国家在风险资本事业上做得相对不错。但是，需要强调的是，这组数据仅仅展示了风险资本的支出，而非风险资本投资的回报；这可能给人们造成过于乐观的假象[8]。最后，我们会注意到，研发支出所占GDP的份额，是另一个衡量与总体技术进步相关的创新活动的指标，在这方面，北欧国家的分值相对较高（2.5%~3.5%），高于欧洲15国和美国的分值（2%左右）。

因此，北欧国家在创新活动方面比欧洲国家好得多，并且它们有能力与美国进行比较，或者说没怎么落后于美国。更普遍地说，本部分和附注的内容可以支持这个观点：北欧国家一直都具备创造机制和政策（例如教育、市场监管和创新等领域）的能力，并且明显促进了从20世纪90年代中期开始的、相对有利的增长表现的出现。

第三节　社会公平

经济效率本身很重要，而且还能成为实现其他追求的前提条

件，但是经济效率并不是社会追求的唯一的和最重要的目标。虽然我们不清楚最终目标应该如何定义，但毋庸置疑，北欧政治体制重视各种社会因素，重视社会公平或是"公正"是否实现。这部分内容，我们将通过对这个宽泛话题的观察进行简要陈述。

● 社会福利和公平很难衡量，但是诸多指标反映出同样的趋势

再次与主要欧洲15国相比，我们一眼就能看出北欧国家的收入不平等程度相当低、社会流动①（见图3-6）相对较高的特征。收入不平等程度参照了税后及转移支付后收入分配

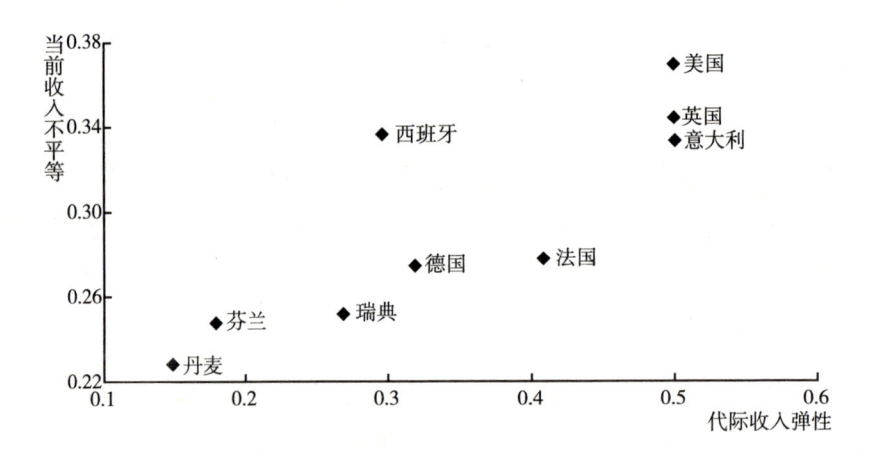

图3-6 收入不平等

说明：a. 基尼系数，数据取自卢森堡收入研究所（Luxemboug Income Study, www.lisproject.org）。数据参照2000年，不包括丹麦（2004）、荷兰和英国（1999）。

b. 高弹性值意味着子女与父母的收入水平的高度相关性。

资料来源：经济合作与发展组织，《社会一览》与克拉克①（2006）。

---

① 社会流动（social mobility），是一个社会成员或社会群体从一个社会阶级或阶层转到另一个社会阶级或阶层，从一种社会地位向另一种社会地位，从一种职业向另一种职业转变的过程。它是社会结构自我调节的机制之一。——译者注

的基尼系数。大多数国家在税前及转移支付前,收入不平等的情况是相当类似的(Mahler 和 Jesuit,2006),通过税收和现金福利的再分配,收入不平等的情况差距十分明显,如果把实物福利考虑进去,差距很可能更明显。北欧国家,以及荷兰、奥地利收入不平等程度较低,而盎格鲁—撒克逊国家和南欧国家的收入不平等程度较高。

• 北欧国家的社会流动程度高于法国、英国或美国

本报告集中的社会流动是衡量代际收入弹性的一种方式,即衡量子女与父母收入水平的高低。有一些可能的原因可以用来解释为什么子女通常会"继承"父母的经济社会地位(基因、财富、父母向子女传授的学习行为和态度)。家庭收入再分配政策,特别是教育制度很可能起反作用,这是促进代际收入流动的主要因素。

从图3-6可以看出,北欧国家与法国、英国(或美国)相比,代际收入弹性更低,也就是说,社会流动程度更高。这值得我们注意,因为没有人喜欢社会经济地位有较高的"继承"性,不论人们对当前收入不平等持什么样的观点。

• 北欧国家在社会福利方面的指标排名靠前,但北欧国家并非是社会福利方面开支最高的国家

此外,我们可以看到,北欧国家的社会福利指标得分很高。在图3-7中,我们对衡量社会开支和经济合作与发展组织的"综合社会指数"(composite social index)进行了展示。

---

① 加拿大经济学家迈尔斯·克拉克(Miles Corak)介绍网站,http://www.socialsciences.uottawa.ca/api/professor-profile?&id=348。——译者注

它对社会福利的衡量是具有广泛基础的，包括许多分项指标，包括自给自足、公平、健康和社会凝聚力[9]。瑞典、丹麦、芬兰的"综合社会指数"排名最高，而欧洲南部国家的排名较低。这种衡量与人均GDP有很强的相关性，虽然与人均GDP相比，北欧国家的社会表现排名更高（这与，比如美国，情况正相反）。可以看到，北欧国家并非都是高支出的国家，但却取得了相对较好的成绩[10]。

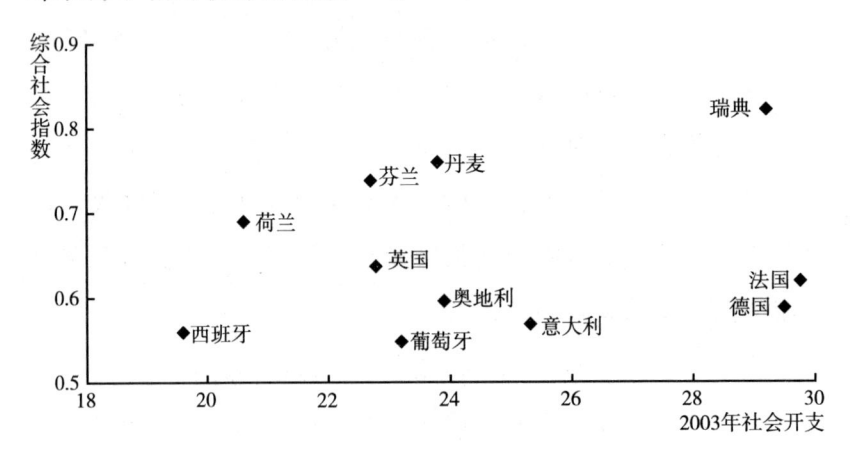

图 3-7 社会开支与福利

说明：a. 基于社会指数（精选）的综合指数中值。经济合作与发展组织（2006）：《社会一览》。

b. GDP每1%政府批准的纯社会开支。

- 北欧模式不仅存在，而且表现相当好

通过这些观察和前一章的内容，在许多共性——经济、社会和政治领域的重要意义上说，我们证明了北欧模式的存在。北欧模式的"底线"是什么？北欧国家就业率和生产率都很高，而就业率比生产率还要高。人均GDP增长率一直令人满意，特别是20世纪90年代中期以后。（此外，物价普遍稳定，政府整体预算盈余。）北欧国家欢迎全球化，并且在采用新技术方面处于领先地位。在社会领域，北欧国家始终在收入平等、社会代际流动、广泛的社会福利指标方面处于领先地位。总之，北欧国家在经济方面表现相当好，在社会指标方面也排名很高。

● 到目前为止，这只大黄蜂一直在飞，但是未来会是怎样呢？

总的来说，在因经济扭曲或是高税率而引起的经济低效这个方面来看，我们没有看出北欧国家在过去最近一段时间内为其庞大的公共部门支出很高的费用。我们无须对此惊异，因为税收和公共开支的效果很可能是由其本身的内容和环境所决定的。公共行动会显而易见地通过修正市场失灵、允许改善风险分配方式——社会保险，以及对基础设施和人力资本投资来促进经济效率（见，例如，Lindbeck，2006）的提高。收入保障和再分配的提升可以在一定程度上推动社会稳定，也可以推动经济增长（Alesina 和 Rodrik，1994）。总体上说，政策的设计与执行已经促使经济应对全球化与新技术的挑战。换句话说，政策与市场的互动已经让大黄蜂飞起来了。这虽然说起来不错，但真正的问题是，我们能否以此认定北欧模式这种情况会在未来继续存在。

附注：增长会计

北欧国家十分依赖 IT 革命来实现经济的成功增长。增长会计的方法论让我们可以定量分析增长，以及其他增长的来

源，例如，常规资本和劳动力输入的增长，以及整体技术变化（又被称为全要素生产率）。

增长会计尝试通过从经济生产方面的思考揭示经济增长的来源。总输出的增长被分解为不同要素（资本、劳动力，以及其他要素）输入的增长贡献，以及整体技术变化的贡献两部分。根据生产性要素的输入数据，这种方法可被灵活运用。我们应该注意，整体技术变化是无法直接衡量的，因此其影响可由增长会计分解的"余值"①表现出来。在这项研究中，我们使用这种方法将 GDP 综合增长的贡献分解为劳动力贡献、非 IT 资本贡献、IT 资本贡献和整体技术进步（全要素生产率）贡献。每个生产性要素的贡献都取决于其增长率及其与生产的相关重要性。分解过程基于以下公式：

GDP 增长率 = 劳动力贡献 + 非 IT 资本贡献 + IT 资本贡献 + 整体技术进步贡献（全要素生产率）

现在，让我们运用增长会计技术看看三个北欧国家的发展，并与美国和欧洲 15 国的情况进行对比。图 3-2 分别显示了增长会计测算法[11]（第一组数据）、IT 和非 IT 资本积累率（第二组数据）、劳动力输入增长（第三组数据）和技术进步或称全要素生产率（最后一组数据）。

我们可以观察到一些信息。

第一，信息技术起到相当重要的作用（见表 3-2，第一组数据）。在 IT 资本对 GDP 增长贡献的意义上说，北欧国家与美国相近。从 20 世纪 90 年代中期开始，IT 资本对 GDP 的

---

① 这里指"余值"可以反映出整体技术变化的贡献。——译者注

贡献一直很大，通常比非 IT 资本的贡献还要大。事实上，这些北欧国家曾是应用 IT 技术较早的国家，在 20 世纪 90 年代中期，相对于其他大多数国家而言，这些国家的 IT 资本就已经占有很高的比重了，那时也是 IT 革命腾飞的时代。

表 3-2 增长会计

	丹麦 1995-2000	丹麦 1900-2004	瑞典 1995-2000	瑞典 1900-2004	芬兰 1995-2000	芬兰 1900-2004	美国 1995-2000	美国 1900-2004	欧洲15国 1995-2000	欧洲15国 1900-2004
GDP 增长	2.8	1.3	3.5	2.0	4.9	2.3	4.2	2.4	2.7	1.5
增长贡献										
劳动力	0.4	-0.1	0.7	-0.4	1.0	-0.3	1.3	-0.3	0.6	0.3
IT 资本	1.0	0.5	1.1	0.4	0.6	0.5	1.1	0.5	0.6	0.3
非 IT 资本	0.8	0.9	0.4	0.2	-0.1	0.1	0.7	0.6	0.6	0.5
全要素生产率	0.6	0.3	1.3	1.9	3.3	2.0	1.1	1.7	0.9	0.4
资本服务增长										
IT 资本	10.9	17.6	19.1	6.8	13.8	10.8	17.9	2.8	—	—
非 IT 资本	1.4	2.9	1.7	0.7	-0.2	0.2	9.1	1.8	—	—
劳动力输入增长										
总小时数	0.6	-0.1	1.0	-0.6	1.6	-0.5	1.9	-0.4	0.9	0.4
工作时间	-0.4	0.1	-0.4	-0.5	-0.6	-0.8	-0.5	-0.3	-0.5	-0.3
工人数量	1.0	0.2	0.8	0.4	2.1	0.2	1.4	0.7	1.4	0.7

第二，整体技术进步（全要素生产率）对美国、芬兰，以及在一定程度上对瑞典来说，一直都是重要的。而对丹麦和欧洲 15 国来说，其作用要小得多。全要素生产率被认为是衡量技术进步的一个指标，它并不体现在那些明确的生产要素，即劳动力和各种资本之中。在全要素生产率中，不可衡量的要素包括整体知识、生产组织方面的创新和改进。但是，自从用余值进行衡量以来，全要素生产率就受到一些因素的影响，例

如，周期性变量、纯效率变化，以及衡量误差[12]。

第三，常规资本增长率的变量更多。丹麦、瑞典的常规资本同样增长积极，而芬兰的常规资本没有在该国20世纪90年代的快速增长中起任何作用。常规资本投资对美国GDP增长继续做出重要贡献。欧洲15国GDP增长比美国或北欧国家的慢一些，其增长来源也有所不同，其增长贡献可平摊到不同的来源[13]中。在芬兰之后，瑞典是常规资本积累率第二低的国家，而丹麦的情况则可比肩美国和其他多数欧洲国家。

关于IT和非IT资本服务[14]的增长速度，我们看到（表3-2，第二组数据）北欧国家和美国在1995~1999年蓬勃时期都大力投入了IT资本，而2000~2004年，IT资本增长趋缓。根据IT资本增长来衡量，北欧国家并不突出，虽然这些国家为这个增长来源做出了巨大贡献。然而，要说明的是，这些北欧国家和美国很像，在20世纪90年代中期前已经拥有了较高份额的IT资本（可归入IT资本收入的平均份额为5%~6%）。作为早期使用IT资本的国家，这些北欧国家已经在20世纪90年代高科技蓬勃发展中获益。

将总工时数的变化分解为每名工人每次工作小时数（工时）的变化和受雇工人总量（雇佣）的变化，进一步解释了增长的过程（表3-2，第三组数据），并显示出一些国家在工时方面经历过负贡献，因为这些国家的工时数变得越来越少。然而，对于多数国家来说，受雇工人总量方面的正贡献巨大，因此，以总工时数来看，劳动力输入总量还是增长了。1995~2000年那个时期，不仅美国劳动力输入总量增长极快，芬兰和瑞典也同样如此，这主要是由两个国家要从较深的衰退中恢复而增加用工量所造成的。2000~2004年，总工时数的增长比上一个时期大幅下降，这主要是工人数量增长放缓所致。

注释

[1] 偶尔会有一种观点说，提供儿童保育和老年看护的是公共主管当局而非家庭内部，这暗示更高的GDP所衡量的工作量或提供的服务量并没有"真正"的差别。就此而言，这种观点是正确的，但我们不应以此推断上述工作的组织方式不重要，因为我们需要考虑到这些复杂的效率和公正的观点。关于"家庭生产"观点，请见第四章。

[2] Honkapohja等人（2008）、Jonung和Hagberg（2005）对20世纪90年代早期芬兰和瑞典发生的经济衰退进行了描述和分析。

[3] 图3-1~图3-3中的数据基于不同的来源，这些数据也并非总是相互一致的。但是，与其他国家相比，个别国家之间的不同不会对那些图表中调查的北欧国家经济表现的广泛信息造成影响。

[4] IT生产被定义为当前光电设备业、邮电通信业、电脑相关活动行业附加值的总和。

[5] 新技术传播，例如IT传播，包含"学习成本"——成本会随时间的增加、用户数量的增长而下降，而一支高水平的劳动力队伍可以推进传播过程。北欧国家良好的高等教育水平支持了这种论断，因为这些国家都是处在IT技术前沿的国家。

[6] 教育政策的一个重要问题是关于应该重点提高教育水平。答案看起来取决于一个国家距离科技前沿的远近程度。（见Aghion和Howitt，2005）如果一个国家处在前沿附近，则应该重点改善高等教育体系。这是因为高技术创新看来是需要更多高级技术而非低层次创新的。我们能够注意

到，美国在中等教育质量方面并不突出，但是，显然美国在好大学的质量方面领先于欧洲。这就是教育系统中最关乎先进国家经济发展的那部分。

[7] 通过加强竞争，放松监管工作可以反过来促进市场进入和退出。近期有证据表明，市场进出的增长与否取决于产业，更确切地说，取决于产业与科技前沿的差距有多大。那些接近前沿的产业在竞争加剧的环境下仍能够竞争，而那些比较落后的产业或部门却无法应对这种情况。因此，效率较低的公司的退出或被新公司替代经常在经济增长方面产生积极效果。

[8] Dantas等人最近的研究对比了欧洲和美国风险投资的盈利能力。结果令人担忧，欧洲风险投资看上去远未及美国风险投资的盈利水平高。欧洲的研究结果还未按国别进行细分，因此尚未掌握单独的北欧国家风险投资盈利能力的情况。如果有标准与美国进行比较，分析北欧国家的风险投资盈利水平，这将是十分重要的。

[9] 更加特别的是，这四个方面的分项指数覆盖了：①"自给自足"（总就业率、事业家庭人数、平均受教育年数、平均学生表现）；②平等（收入不平等、相对贫困率、儿童贫困、性别工资差距）；③健康（出生健康预期寿命、出生预期总寿命、婴儿死亡率、潜在减寿年数）；④社会凝聚力（志愿者、受害率、服刑人员、自杀率）。

[10] 这个综合指标是一个总计，其构成可能因很多理由而被质疑。其他衡量方案可能会给出一个不同的情况，北欧国家的排名也会没那么出色。例如，芬兰人酗酒死亡率较高，杀人和自杀的情况也如是。人们确实可以争辩说，经济合作与发展组织综合社会指数只是一种衡量方式，而非权威标准。但是，审视国际组织（经济合作与发展组织、欧盟、世界银行、联合国）编制的诸多社会指数，那些社会平等和福利方面的指数（是否基于硬数据或是调差）通常证实了人们对北欧国家排名较高的印象。

[11] 这些分组数据是基于5年统计的平均数得来的，而非

年平均数据；因此这些数据是近似计算的数据。数据来源为荷兰格罗宁根增长与发展中心（Groningen Growth and Development Centre）、经济总增长核算数据库（Total Economy Growth Accounting Database）。

[12] 全要素生产率还可以在一定程度上反映劳动和资本质量的改善效果，因为这类质量方面的改善很难量化，且可能无法完全纳入要素以及相应生产要素的增长率中。

[13] 欧洲经济顾问组织（EEAG，2006），第三章提供了一个对欧洲15国经济增长的更为具体的讨论。

[14] 衡量资本服务的方法由Jorgenson和Griliches（1967）提出并发展而来，其中衡量不同类型的资本增长率，是用每种资本在资产补偿价值（看其租赁价格）中的平均占比计算出来的。请见Timmer，Ypma和van Ark（2003）对该数据建设方法的进一步细化。

第四章
人口：从顺风到逆风

北欧福利模式将在未来面临金融方面的巨大压力，这不仅仅是芬兰的情况，其主要原因是人口的老龄化。在老龄公民人口增长的同时，劳动力人口正在萎缩。工作群体和非工作群体的平衡将会因此发生戏剧性的变化，进而影响到劳动力市场和公共财政方面。预计公共开支将超过收入，产生巨大空缺，而这一发展严重挑战了当前的福利制度。简言之，福利国家的金融可持续性岌岌可危。

• 人口的老龄化，将对劳动力市场和公共财政产生深远影响

公共财政恶化的自动发生，将是维持当前安排的简单结果。甚至相对保守的估计都表明，未来公共开支的压力——税负（税收占 GDP 比）将不得不增加数个百分点，以弥补公共财政可持续与不可持续之间的差距。这个巨大的挑战暗示，现状已不是政策的选择所能改变的。此外，税负已经很高，税收制度在全球化过程中承担了压力。因此，提高税收的政策将不受欢迎。政策决定困难，不得不选择削减开支，降低

抚养补助金并/或提高就业率。值得强调的是，要尽早地、尽量温和地进行改革。

第一节　福利制度作为一种社会合同

北欧福利模式的特点是，它既提供了一个详尽的社会安全网，也提供了公共服务，例如教育和医疗保障（儿童保育和老人养老、健康保健）。虽然各种规定限定了享用福利的权利，但仍有一个明确的特点：支付能力不是判断的标准；有权享用这些福利到了极普遍的程度，即全民皆可享用，而无前提条件——不看以往的支付或缴费情况（也可见第二章）。这些安排由多种形式的税收提供资金支持，且对个人来说，其交税情况与享受服务的权利无关（这与大多数养老金和部分失业救济金的情况不一样）。但显然，税收总额需要高于福利安排产生的费用。

● 代际间的社会合同和人口统计的变化意味着有一个公共财政可持续的巨大挑战

福利社会形成体系的方式有一个重要结果是，一般公民所获福利及其付出因其年龄的不同而显著不同。原因很简单，即福利国家的许多安排是为了改善儿童（保育、教育）及老人（医疗、养老）的条件，而以纳税形式积累的贡献主要从那些年积极工作而得来。图4-1展示出不同年龄的普通人对芬兰公共部门的净贡献；即在（不同类型）税款、转移价值和个人所得服务之间的变化。

图4-1清晰地展现了一个模式——普通人在年少和老年阶段

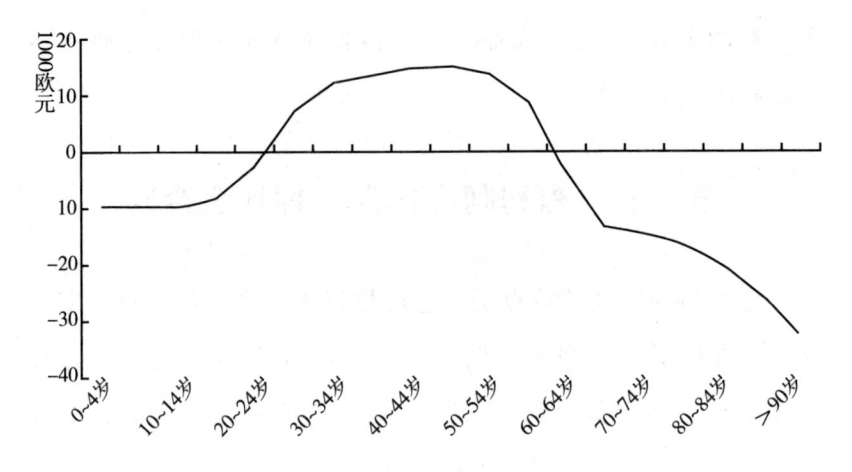

图 4-1 各年龄段净平均贡献

说明：显示公共财政的净贡献，限定各类扣除转移的税款和个人公共消费。数据基于 2005 年数据库的计算。

资料来源：Vaittinen 和 Vanne。

从福利制度中获益，而在劳动力市场积极工作的那些年里做出贡献。应该强调的是，图 4-1 仅表明了不同年龄群体的一般情况。在各年龄群体内部，还有较大的不同：一些人高工资且很少享用公共福利，例如医疗，而另外一些人工资低且身体欠佳。

图 4-1 所描绘的代际间的"社会合同"，是福利制度的一个主要支撑。其本质是工作群体通过纳税资助儿童和老年群体，以及其他群体，例如病人和失业群体的福利。这可被解释为工作适龄群体所反映出的责任心，他们为年少群体和老年群体做出了贡献，因为他们关心这些人的生活条件。另外，社会合同受到另一种观念的支撑——那些工作适龄群体如果目前或是当他们老了以后需要（福利）的话，他们能够享受（今天）同样或相似的福利。这其中的预期和信任是必不可少的，那些目前积极工作的人们同意纳税，是因为他们相信未来后代也会

积极工作，并同样纳税。这套体系基于社会凝聚力，以及无论怎样我们都在一条船上的观念。

社会合同三要素：

（1）津贴程度、覆盖面和质量；

（2）纳税的水平和结构；

（3）劳动力参与，包括劳动力市场的进出。

● 雄心勃勃且高成本的北欧国家普遍原则

津贴程度、覆盖面和质量取决于社会的雄心，例如，教育、医疗和社会安全网何时，以及如何保护那些即将难以维持生计的人们。有志于提供能满足大多数人们需求的服务是北欧福利模式所具有的特征，即，公共部门不是剩余供应商，为那些无法维持生计的人们提供所需的最后一根稻草，而是供广大人民共享的部门。所有人都有选择教育的权利——这取决于他们的能力、动机，以及医疗——且取决于他们的需要。

同样，社会保障网被认为应给人们提供较高的生活水准。人们无法接受，一个无法自立的人在保障下过着比其他群体生活水平低得多的生活。而雄心是确保所有人都拥有同样的（福利）机会，而无须考虑支付能力。这个雄心虽然很难实现，但平等主义的目标是北欧福利模式的基石。

● 高税率是北欧模式的一部分

考虑到在福利相关的服务程度和质量，以及社会保障网方面的雄心勃勃，北欧国家大部分经济资源是通过公共部门进行分配的。福利一揽子计划主要由税收支持，所以税负（总税收入占GDP比率）很高（见图4-2）。这就提出了关于税收

影响经济决策的问题，因为税收造成了社会与私人部门在一些活动，如教育和工作收益上的区别。

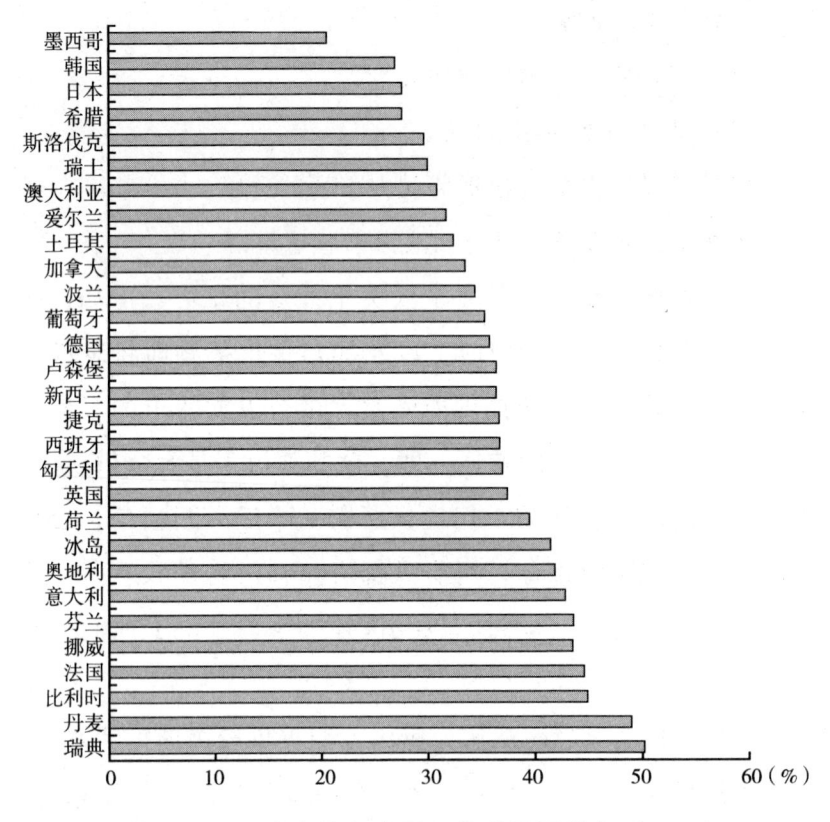

图 4-2　经济合作与发展组织成员国税负（2006）

说明：根据 2005 年统计数据制成。
资料来源：经济合作与发展组织收入统计（2007）。

- 北欧模式可行的前提条件之一是高就业率

劳动力较高的参与率——反映在全年工作小时数、青年进入和老年退出劳动力市场上——对北欧模式来说极为重要。原因很简单：劳动力市场外的多数人有权享受某种形式的转移收入，而只有那些有工作的人才会为福利国家出钱做贡献。如果劳动力市场中积极工作的人太少，那么这份社会合同的财政平衡将因此受到削弱。一个靠税收支持的、扩大的福利模式不得不需要依靠高就业率。我们在第三章中已经提到，北欧国家确实成功实现了较高的劳动力参与率。2006年，丹麦和瑞典15~65岁年龄组平均劳动参与率（前者76.9%，后者74.5%）比任何欧洲15国中的国家都要高。芬兰的参与率（68.9%）低于其他一些北欧国家，但仍比除荷兰和奥地利之外的欧洲15国要高。但是，从年龄段看，劳动力市场参与情况正在分化（见图4-3），在芬兰，突出的一点是，青春期群体的劳动力市场参与率非常高，但青年参与率较低（很大程度上可以归因于教育），50岁以上的老年群体也较低（由于早退等各种形式）。

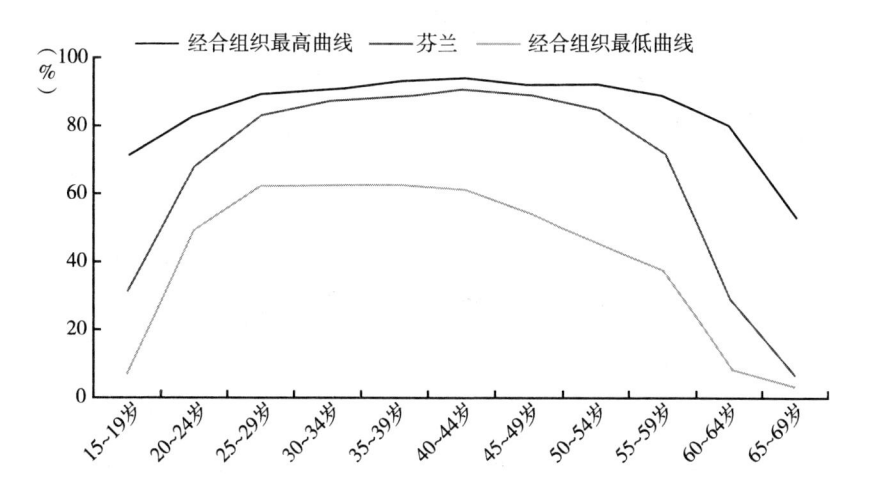

图4-3 劳动力参与率，以年龄段统计（2003）

说明：每5年年龄组平均劳动力参与率，包括男性和女性。经济合作与发展组织最大和最小曲线，是描述所有经济合作与发展组织成员国每个年龄组最高和最低劳动力参与率的综合指数。

资料来源：经济合作与发展组织劳动力统计资料。

● 两大挑战：人口统计变化以及提供福利服务

北欧福利国家特征导致的结果是出现了两大挑战。第一大挑战是在人口方面，由于生育率的下降以及长寿人口的增多，挑战以人口年龄构成变化的形式出现。第二大挑战可被称为服务方面的挑战。公用部门提供的服务包括大部分人力密集型的保障服务，因此在不削弱服务质量的情况下很难提高服务的生产力。例如，养老服务质量是以每名服务人员为每名老人服务的时间多少来评判的。此外，需求和需要通常是伴随社会其他方面的发展而增加的。技术可以创造新的可能，特别是生命科学的进展。物质生活标准的提高造就了人们渴望的新水平；对公共服务质量是否满意的认识是根据收入增长和社会其他方面支出而重新评估的。因此，服务收费在增加的同时，需求也在增长。下面，我们将讨论这两大挑战。本章，我们将讨论人口方面的变化带来的直接影响，下一章，我们将讨论服务方面的挑战。

第二节　老龄化——趋势在扭转

在图4-1中，社会合同的一个直接影响是福利国家的财政平衡取决于人口的年龄构成。相对于工作适龄群体，如果儿童和老年人很少，财政平衡不会出现问题，那么，多数人是净支付者而很少的人是净接受者。然而，如果相对于工作适龄群体有许多儿童和老年人，或是很少的支付者来"养育"很多的接受者，那么财政问题就出现了。

第四章 人口：从顺风到逆风

- 在有利的人口统计数据条件下，福利制度被创造出来

历史上看，福利制度扩张时，有"多数人支持少数人"的意思，即工作适龄人口相对儿童和老人数量是增加的。相反的是，现在对未来的看法是，未来"少数人将不得不支持多数人"，这可以用所谓的人口统计赡养率来解释，其定义为年轻人（15岁以下）和老人（65岁以上）相对于中间年龄组的比率（见图4-4）。赡养率在未来几年将会增长，在北欧国家和其他地方都是这个情况。芬兰的赡养率从20世纪50年代到20世纪90年代逐渐下降，但现在开始快速增长，并已接近新高的水平。这种变化大多反映在65岁以上人口的增加，并将在未来10~20年里完全发生。

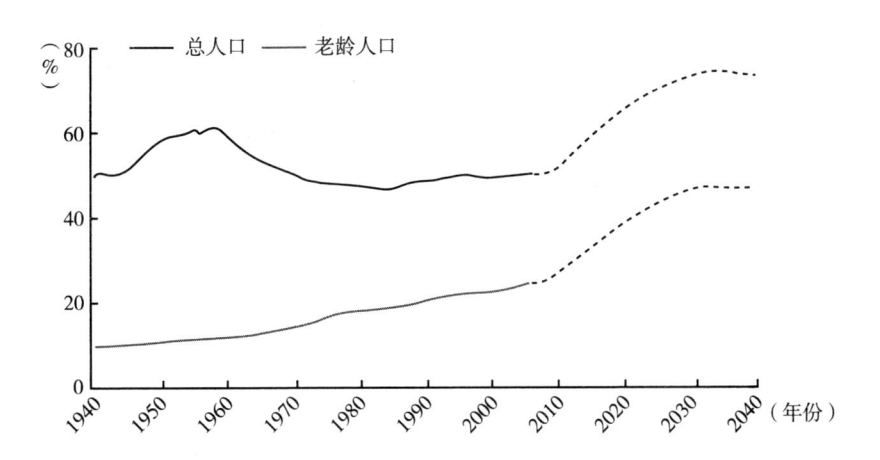

图4-4 总人口及老龄人口赡养率（1940~2040）

说明：人口赡养率—总人口定义为，15岁以下、64岁以上年龄群体比15~64岁年龄群体的比率；老龄人口赡养率定义为，64岁以上年龄群体比15~64岁年龄群体的比率。实际数据的时间为1940~2006年，芬兰人口预测时间为2007~2040年。

资料来源：芬兰统计资料。

● 人口方面的变化基于二战婴儿潮一代人正处在退休时期，且人们愈加长寿

人口年龄构成因此将会发生剧烈转变。例如，根据芬兰最新统计数据显示，65岁以上的人口在全部人口中的比重将从当前的16%增长到2030年的26%。此外，不仅是老龄人口比重增长，高龄人口（85岁以上）比重也在增长（从当前的1.8%增长到2040年的6.1%），从这个意义上讲，存在"双重老龄化"的现象。15岁以下年轻人口比重将从现在的17%下降至2040年的15.5%。在这两种趋势的作用下，工作适龄人口（15~65岁）百分比将从当前的66.5%下降至2040年的57.5%。

人口趋势有两大影响因素。一个因素是所谓的婴儿潮——20世纪40年代末至20世纪50年代的高生育率和之后的生育率下降（见图4-5、图4-6）。因此，有大批人正在接近退休，而同时人数较少的一代人正在进入劳动力市场。另一个因

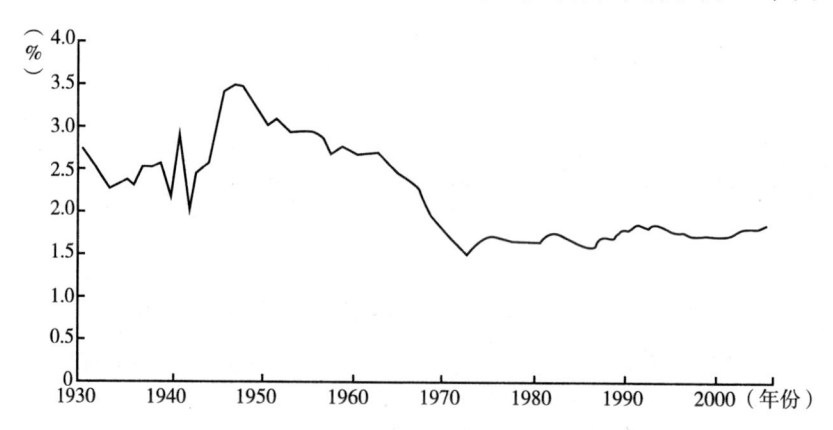

图4-5 生育率（1930~2006）

资料来源：芬兰统计资料。

素是，人们愈加长寿。预期寿命始终保持增长趋势，且最近几年死亡率下降。简言之，人们活得更长：20世纪70年代，新生人口预期寿命为70岁，今天为79.4岁，2040年预计将达到86.2岁。

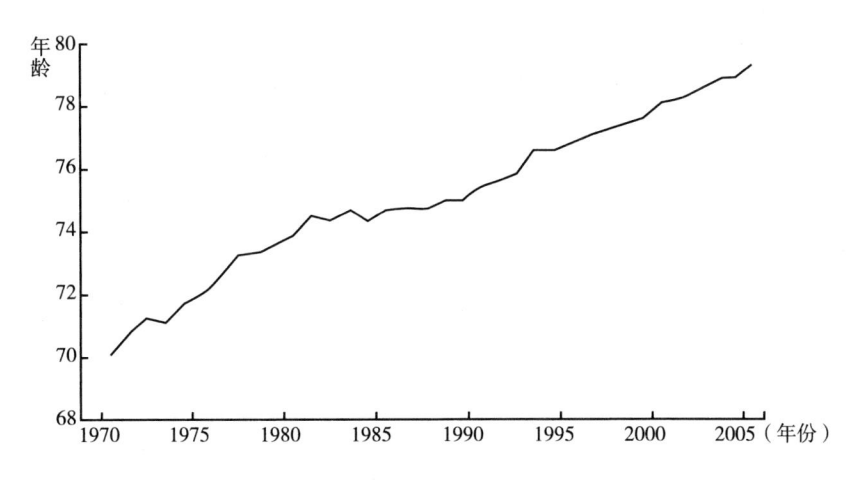

图4-6 预计寿命（1971~2006）

资料来源：芬兰统计资料。

第三节 老龄化使得公共部门处于财政压力之下

当人口趋势和图4-1显示的社会合同结合到一起时，将发出一个明晰的信号。那些为福利国家做出贡献的和那些受益的群体之间的平衡正在向体制财政平衡受到严重影响的方向转变。今天，大约有1名65岁以上的老人、4名适龄工作（15~65岁）的人员。2040年，将大约有2名65岁以上的老人、4名工作适龄人员。即，老龄人口赡养率将倍增。

● 人口老龄化是导致财政不可持续的主要因素

财政部（2006）对这些转变①的财政结果进行了"官方"分析。从现在到2050年，与年龄相关的开支（养老金、医疗、长期看护、教育和失业）占GDP的比例将增长约5%。假定总体税率不变，政府的主要平衡[1]将严重恶化，参见图4-7。情况预计将是一种系统性的预算赤字，并不可持续（到2050年，公债将增长至GDP的120%）。

为确保2050年负债水平与现在一致，财政部通过永久改善年度预算，衡量了"可持续缺口"的规模，结果为，政府整体财政平衡所需的改善成本等于GDP的1.5%。周期性调整后的预算盈余将因此不得不大幅提高，数字之大远超过当前所能预测的数字。长期实现财政可持续（至2050年后）将需要永久性增强预算，超过现预算规模的2倍。因此，财政可持续将需要大幅度改善公共融资。

● 公共部门长期财政展望可能比预期的还要糟糕

我们要注意到图4-7中的信息的两个重要方面。首先，精确数字并非令人很有兴趣。显然，随着预测时间的增长，不确定性逐渐增多。相关的重点不是具体数字，而是系统性赤字可能出现的提出——对于潜在假定计算的很多变化，其结论是乐观的（见图4-7）。其次，这份报告的计算是保守的：只展示说明了当人口年龄构成改变时，假设的福利安排和税率结果。其假定未来公共服务没有改善——这几乎不是一个现实的假设。

---

① 指财政平衡的转变。——译者注

第四章 人口：从顺风到逆风

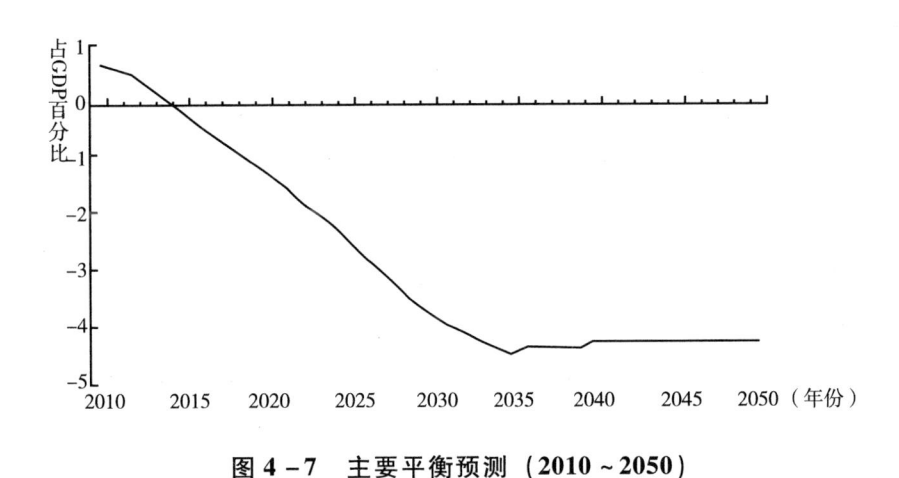

图 4-7 主要平衡预测（2010~2050）

资料来源：财政部，芬兰稳定计划，4b/2006（2006）。

我们将在下一章再次回顾这一问题。简言之，当前的福利安排在财政上不可持续，有意思的是，图 4-7 为决策者将不得不处理的一些问题提供了一个研讨框架。

第四节 与趋势斗争

确保高就业率是福利国家财政的关键。对现收现付制养老金制度来说特别明显，积极工作的群体用他们当前的收入做贡献，资助给那些退休群体养老金。这样的制度在赡养率下降时运作良好，但当赡养率上升时将出现问题。老龄化给财政带来了一个明显的威胁，因为有更多的人长寿，且就业率可能会下降。一个反抗的方法是随着长寿人口的增长而延长退休年龄（这意味着仍然不断在劳动力市场内消耗生命份额）。但是在历史上，直到最近，人们在劳动力市场里消耗的生命份额一直在下降，既因为更晚进入劳动力市场，也因为更早从劳动力市

场退出，而这一般是通过早退计划实现的。如果退休年龄仍未改变，而寿命不断增加的话，这种趋势将或早或晚地要继续下去。明显需要走一步以防止此事发生，确保福利国家财政的可持续。

● 北欧国家已经采取很多措施以应对养老金的挑战——但还有很多事情要做，特别是芬兰

北欧国家已经采取很多措施来应对养老金的挑战。特别是瑞典养老金改革，其引入了一个"概念上定义的缴纳系统"，而被广泛认为是参照标准。该国承诺，将保持财政可持续且无须在现有水平的基础上提高养老金的缴费水平。丹麦最近已经采取措施提高早退以及公共养老金的法定年龄。一旦实施，法定年龄将与长寿绑定。这些措施能解决一大部分问题，但未能解决由人口方面的变化带来的可持续问题。芬兰在解决问题上还不够先进；特别是与收入相关的私人部门养老金制度是不可持续的问题，以至于该国可能呼吁在未来几十年大幅提高缴费率。

最近几年，芬兰实施了一些影响养老金和退休的改革，虽然这些改革还不足以解决这些问题。最近的养老金改革废除了一些早退计划，提高了人们延长职业生涯（63岁以上）的动力。此外，芬兰还引入了一个调节机制，将养老金与长寿挂钩，即如果寿命增加，则将削减特定年龄群体的养老金。后者[1]非常重要，这意味着会给寿命延长、退休年龄不变的个人每年剩下更少的福利。换句话说，随着寿命的增加，个人要么

---

[1] 指的是该调节机制。——译者注

接受更低的（物质）生活标准，要么推迟退休。如果个人推迟退休且寿命增加，则其所获得的福利将和原先一样多。这虽然有助于解决老龄化的问题，但仍然不够。此外，从长远看，当寿命增加时，保持法定退休年龄（62、63和68岁）固定不变将是反常的做法。

● 很多人想早点退休——但应鼓励他们延长工作生涯

从社会的角度来说，有一些原因可以解释人们退休得太早。第一，税收（结合各种形式的检查和补充）意味着持续工作，晚些退休对个人的回报要少于对社会的回报，即使保险精算出来的是公道合理的福利。原因是通过延长退休所得的劳动收入是要收税的（闲暇所得除外）。

第二，当寿命增加时，即使福利对寿命的指数调整法让个人有了晚些退休的动机，但这个体系仍不能必然确保这种情况的发生。因为适用于各种计划的法定年龄未能指数化，并且个人会低估自己的寿命，所以，最后随着收入的增长，偏好将转向聚焦于人生"第三阶段"的闲暇时光。

老龄化经常被理解为仅仅是养老金和退休的问题。虽然这些问题很重要，但应该强调的是，有其他与老龄化相关的财政问题。这些问题包括福利供给方面的，例如医疗和老年养老问题。后者①融资也在很大程度上取决于人口年龄的构成。多数人将在未来——比较且十分（以及特别高龄的）——需要养老和医疗。虽然寿命的增长更多关系到老年健康问题，然而如果老年人未来要拥有目前所有的福利服务，那么医疗和养老将

---

① 指老年养老。——译者注

承受更多的压力。这要求更多的资源并提出超越养老金的融资的问题。

第五节 简单的办法？

在争论社会老龄化的后果时，人们经常宣称有一些简单的解决方案。让我们考虑一下其中的一些方案吧。

● 更多的子女是理想的——但解决不了公共财政问题

更多的子女。由于问题是社会中老年人口增加，所以凭直觉会认为可行的方案是增加子女的数量。但是，两个理由可以解释为什么这种方案不能解决问题。第一，为消除婴儿潮效应，生育率应该提高到数年以前的水平，参见图4-5，现在修复这个问题已经太晚。第二，新生群体也将从寿命增加中获益，因此以人生观来看，如果当前退休年龄不变的话，他们将不是提供净贡献的群体。在寿命增加方面，如果当前制度不够健康，将无助于那些享受寿命增长的新生群体数量的增长。不可否认的是，有经济和非经济原因可以用来解释更多子女和人口高增长对社会的重要性。但是，高生育率不是解决老龄化造成的财政问题的方案。

● 更多移民也是理想的方法——但解决不了公共财政问题

移民。如果通过提高生育率来解决问题已为时过晚，那么能否通过移民快速修复这一问题呢？移民中20~30岁的群体将有助于平摊赡养率的增长，这个想法是正确的。但是，只有移民较多地依附劳动力市场时，才能解决经济问题。说得直白一点，我们本来没有寻找年轻群体，而是寻找那些通过纳税以有助于我们福利制度融资的劳动者（而非接受福利的群体）。不明显的是，像芬兰这样的国家，能够吸引移民，并让他们在很大程度上对芬兰的条件感到满意。从中等长度的时期来看，东欧没有"人口剩余"，因此我们或许能看到通过移民来解决问题的可能；这些国家是大幅老龄化的国家，因此不应有理由期待在这些地区进行大规模移民，参见 Carone（2005）。结论再次是，有多种原因让我们认为更多移民或许是理想的，但是如果认为这能解决目前公共财政问题并不现实。

其他国家有更大的问题。经常有人认为，我们的人口问题并非像其他国家那样严重，例如南欧国家，这些国家正面临更大规模的人口转变。这有一个陌生的论断：为什么其他国家面对的问题会有助于解决芬兰福利制度问题？实际上，情况可能恰恰相反。如果那些人口问题较大的国家进行制度改革较晚，那么这些国家也会是财政和经济不稳定的来源，并给其他国家带来消极影响。总之，最好结交一些问题较少或是处在改革前沿的国家作为贸易伙伴。

- 经济增长很重要——但解决不了公共财政问题

增长。如果我们不得不赡养更多老龄群体，那这个问题就不能用增长为导向的经济政策来解决吗？这样一来，蛋糕将更大，我们或许能确保福利制度的财政稳健。经过思考，其结果没有听上去那么好。诚然，更高的增长意味着更高的工资和收入，因此意味着更多的税收。这确实将给予公共预算更多的余裕。但是，开支方面也将受到影响。

公共部门基本上有两类开支：工资用于支付负责多种福利服务供给的雇员以及负责福利转移的雇员。考虑一下下面的标

准案例，我们假定福利服务的供给不变，以及社会分配的分布不变，在这两个前提下，公共开支将会随着蛋糕的增大而增长。

为看清此事，请注意公共部门的工资增长速度将不得不保持与私人部门一致，以维持公共部门（中期）的队伍。因此，部分开支将以同样的速度增长。类似的情况是，如果接受福利转移的群体要在增长中获得与其他社会群体同样程度的好处，转移性支出也将以同样的速度增长。因此，私人部门的更多增长将会（大致）提高公共收入的增长速度，以及同样规模的开支。假设服务供应和分配不变，则将不会创造任何公共预算的余裕。当然，不能排除这两种情况①会发生变化。重点是，增长本身是不会有助于解决融资问题的，除非决策者决定或接受公共部门工资下降以及/或与私人部门工资相关转移的减少。

实际上，更高的增长会给福利国家带来更严重的财政问题。我们将在下一章具体讨论这个奇异的效应。

● 增加税收、削减开支还是提高就业率？

因此，没有解决由人口统计变化导致的财政问题的简单办法。基本上剩下三个选择：增加税收、削减开支和提高就业率。选择增加税收不仅需要有条件的政治支持，而且会引起税收增长对经济影响的疑问。税负已经很高了，我们不清楚进一步增加税率的做法是否可取。削减开支意味着福利国家的节省，因此是缩小开支解决了福利国家的可持续问题。这将正面遭遇政治领域的反对，因此达不到福利国家为应对新挑战而

---

① 这里指服务供应和分配不变的情况。——译者注

做出的战略调整的水平——除非这个国家更依靠效率增长，而非人们减少享受福利的权利。更进一步的选择是，减少扶养补助金并提高就业率。由于主要问题是由寿命增长引起的，因此，我们自然地将措施集中在确保有效或平均退休年龄的增加上。

第六节 节省还是调整？

福利制度的重要挑战是，在福利安排不变的情况下，由于人口老龄化，其开支将超过收入。虽然人口方面变化加快，但在其完全实现之前还有一些时间。如何为预计的财政问题进行规划，是个重要的问题。

- 财政整顿在某种程度上是正当的

有一个战略是，提前进行公共财政的整顿；用预算盈余来尽快降低公共债务，最终创造大量公共财富，用于支付增长的开支。可以说近年来财政政策是沿着这条路走的，因为预算一直保持盈余，公用债务一直下降。当债务水平相对较高，并预计有财政压力时，整顿公共财政就很重要。

但是，通过整顿来解决全部问题既不可取也不现实。因为需要庞大的整顿工作——年度预算的永久改善（占GDP百分比）的数量级——因此需要决策者连续多年保持大幅度盈余以应对将来的开支增长。图4-8展示了整顿战略的影响——不仅要在未来几年内保持大幅度预算盈余，而且要持续到2030年左右，以确保满足2030年以后（适度）赤字的资金需求[2]。

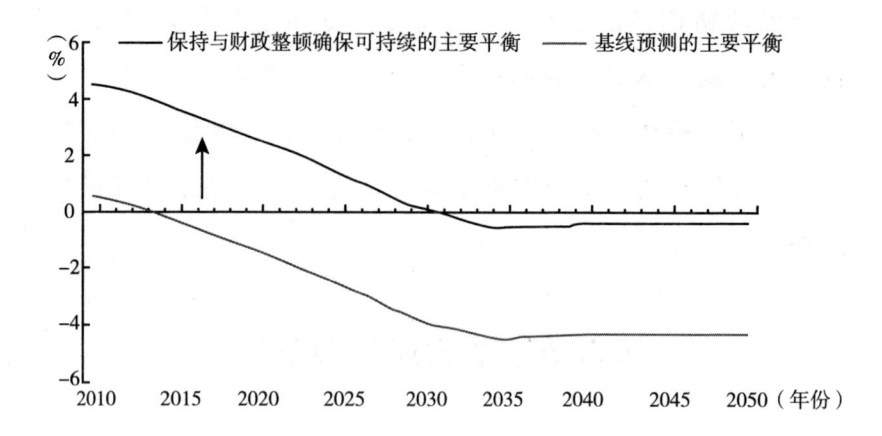

图4-8　需要预算变化以确保长期可持续性：
整顿战略（2010～2050）

说明：基于图4-7的计算，增长修正后的实际利率，假定等于1%。

- 当前预算盈余有一定规模，但仍无法解决未来的财政问题

这不是一条政治上可行的路。虽然我们要求提高现有预算盈余（已有一定规模）至占GDP数个百分点，但决策者不太可能长年走一条艰难困苦的财政政策路线。公共部门的结合建立起巨额基金，而公民愈加坚持增加福利服务，这将会很容易造成政治僵局。此外，对由于婴儿潮影响带来的人口统计上的赡养率增加与寿命增长加以区分是十分重要的。对于前者来说，一些整顿是有意义的；纠正生育率的时机已经错失，整顿工作意味着赡养率改变的后果需要经过很多代人才能消除。而寿命的情况则与此不同，因为预先融资将意味着当代人做出了贡献——他们为享受更长寿命的未来人们的开支进行融资。这是否公平，我们并不清楚。因此，整顿必须要与改革相结合，

打破公共预算平衡的趋势。为应对老龄化，这要求改革调整社会契约，使其可以应对老龄化所带来的后果。

注释

[1] 总体政府财政平衡等于扣除金融资产净收益外的总平衡。由于养老基金比政府债务大得多，总体政府财政平衡的恶化远比主要平衡慢得多。

[2] 图4-8呈现了主要平衡（基线），其使用的数据是由财政部预测的（2006）。预测起始年份是2010年，因此也作为图4-8的起点。近年的数据表明，预测今年以及明年的总体政府盈余将是一个上升的修正过程。但是，长期预测与周期调整的平衡一致，应不受近期和短期发展的影响。

第五章
福利服务：攀升的成本与扩大的需求

提供服务是福利国家的一个本质要素。所提供的典型服务包括日间托儿、教育（从小学到大学）、卫生医疗、养老等。北欧福利模式的远大目标是确保所有的公民都能按照各自需求，享有接受服务的均等机会。因此，服务经费主要来源于税收，所提供的服务不仅要实现最低标准，而且要满足多数人的需求。

在成本不断攀升、需求持续扩大的情况下，让以税收为来源的服务保持增长态势，是一个很大的挑战。我们将依次讨论服务成本与需求的问题。

第一节　服务成本日益增加——鲍莫尔效应

●在农业与制造业领域中，劳动生产率增长迅速；但在面对面的服务行业中，提高劳动生产率并非易事

在服务劳动中，服务提供者与服务接受者之间的互动是

第五章　福利服务：攀升的成本与扩大的需求

至关重要的部分，因此很多服务劳动都独具特色。尤其是在儿童保育、养老、卫生医疗及教育等服务中，这种特色体现得更加明显。对大多数经济活动而言，劳动生产率的提升都不但是可能的，而且是显著的。与过去相比，今天的农民在新技术的帮助下可以经营更大的土地。但是，今天的护士与病人谈话所用的时间，或者日托中心工作人员陪儿童玩耍的时间，与25年前相比并无差异。对于以上这些服务活动来说，时间是绝对必要的，因此不能被合理化；服务劳动生产率也无法提高到与传统制造业劳动生产率相同的程度。

根据实际经验，随着更有效率的生产方式、新技术及更精良的机器的应用，平均劳动生产率每年增长2%左右。真实工资水平随着劳动生产率的提高而同步上涨，物质生活标准也随之提高。服务行业从业者的工资，也同其他行业从业者一样得到增加，但由于他们的劳动生产率大体上保持不变，所以提供服务的相对价格就提高了。由此可知，以时间/人类密集型为特点的服务将随着时间的推移变得越来越昂贵（鲍莫尔法则）。

这一现象的基本原理，并不取决于服务是由私营部门还是由公共部门提供的，而取决于服务这种活动的本质（当然我们不否认，公共部门提供服务与私营部门提供服务相比，可能存在激励机制与组织结构的不同，这也可能影响劳动生产率。具体论述见第八章）。举例来说，由于技术进步，手机的价格大幅下降，但理发的价格没有下降。同理，很多公共服务也没有变得更加便宜——这些公共服务都是劳动密集型的，很难在

· 81 ·

保持服务质量不变的情况下提高劳动生产率。其攀升的成本将体现在顾客要支付更高的价格、公民要缴纳更高的赋税上。由于公共部门负责提供很多这样的服务，所以公共部门面临着一项巨大的财政挑战。

第二节　期待更多——瓦格纳效应

● 当公民的收入居于更高水平时，就会期盼更多、更好的福利服务

劳动生产率的提高与物质生活的改善也会释放出一种需求效应。当收入增加时，就会有对服务需求增长的趋势。一旦人们的基本需求（如衣、食、住等）得到满足，就会更加关注其他的需求。经济学家们称之为"瓦格纳效应"，意指人们的需求随着物质生活水平的提高而发生变化。公共服务的质量与范围并非一成不变，而是紧随社会的其他趋势的变化而发生变化的。人们希望公共服务可以满足不断上升的标准。

与前面一样，这种现象的基本原理不在于是由私营部门还是由公共部门提供服务的。在每个领域里，都出现了需求的增加。很多私营部门提供的服务标准提高，而公共部门提供的服务标准也同样提高了。

卫生医疗——突出的挑战

● 医学科学的进步带来了新的、成本更高的医疗手段与药物，选民与政治家们都将推广这些昂贵的新产品

卫生医疗服务是公共服务的重要组成部分，同时也是一

第五章 福利服务：攀升的成本与扩大的需求

个受到上面所述的成本与需求效应深远影响的领域。一个同样重要的事实是，随着机会边界的变化，出现了新的服务手段，从而产生了新的需求。卫生保健领域更是如此。我们有幸看到了该领域中医学科学的显著进步，这些进步一方面使得人们可以更加方便和经济地采用一些医疗手段，另一方面也改变了机会边界，为之前无法医治的疾病提供了新的、更有效的医疗手段。这些进步极大地改善了福利状况，但与此同时，也给医疗系统带来了压力，因为医疗系统需要广泛提供那些新出现的（也是更昂贵的）医疗手段与药物。

这些趋向的影响基本上是个经验性问题，其结果将同时反映技术层面与组织/政治层面的机制。一个问题是关于切实提高福利服务提供的效率与生产率的水平，另一个重要的考虑是应如何容纳不断增长的需求。无论从哪个角度说，对于以向大多数国民提供满足其需要的、要求的福利服务为目标的北欧模式、鲍莫尔效应与瓦格纳效应都给其带来了难以应对的挑战。

● 作为国内生产总值的一部分，卫生医疗与长期护理服务的成本将大幅上升——到2050年，该成本将增加一倍

为了说明这个问题，结合上面讨论过的两种效应，我们用表5-1来展示经济合作与发展组织（OECD）最近的一份研究结果。该研究的对象为不同国家的卫生医疗系统所面临的挑战。在经济合作与发展组织的分析中，新的医疗技术与手段及相对成本的攀升处于焦点位置，而对由收入给服务需求带来的影响的假设则是适度的。

表5-1 关于公共健康与长期护理服务支出占国内生产总值百分比的预测（2005~2050）

单位：%

	卫生医疗			长期护理			总计		
	2005年	2050年成本压力	2050年成本抑制	2005年	2050年成本压力	2050年成本抑制	2005年	2050年成本压力	2050年成本抑制
丹麦	5.3	8.8	7.0	2.6	4.1	3.3	7.9	12.9	10.3
芬兰	3.4	7.0	5.2	2.9	5.2	4.2	6.2	12.2	10.3
挪威	7.3	10.7	8.9	2.6	4.3	3.5	9.9	15.0	12.4
瑞典	5.3	8.5	6.7	3.3	4.3	3.4	8.6	12.9	10.1
经济合作与发展组织	5.7	9.6	7.7	1.1	3.3	2.4	6.7	12.8	10.1

资料来源：《预测经济合作与发展组织卫生医疗与长期护理支出：什么是主要驱动力？》，经济合作与发展组织经济局（2006）：477号工作文件。

表5-1呈现了两种图景："成本压力"是指医疗手段成本的增长快于收入增长的情况，而"成本抑制"是指假设成本增长随着时间的推移逐渐适度的情况。这张表格所传达的信息是明确的。无论是卫生医疗服务，还是长期护理服务，其支出的上升，即便是在具有成本抑制因素的乐观图景中，也是非常显著的。以芬兰为例，其支出由目前占国内生产总值6.2%的比例增加到10.3%。而且，如果成本不能被抑制，这个增加后的比例将是原比例的两倍。

成本（鲍莫尔）与需求（瓦格纳）效应的共同作用，造成了服务业对公共财政的挑战，这是问题的核心。一方面，人们需要更多的服务；另一方面，提供这些服务变得愈发昂贵。公共部门要解决这一问题，比私营部门要更加艰难，原因在于二者平衡供需关系的方式不同。对于私营部门提供的服务，人们自己能决定是否愿意从自己的收入中为这些服务支出更多。而对于公共服务而言，人们则难以轻易做出决断，因为这些服务都是免费提供的（或者因政府大量补贴而价格很低）。所以，政策制定者面临着如何定义公共服务的"满意"程度、如何提供，以及如何资助这样的公共服务等问题。

第三节　对于休闲的偏好

● 随着收入水平的提高，人们会想减少工作量。这意味着，税基缩小了

服务业带来的挑战还不止上述这些。在服务业不断掏空公共财政的同时，我们的所作所为可能还降低了对于提供服务的资助。这乍听起来很矛盾，但很容易解释。随着物质条件的丰富，人们对于生活中非物质层面的追求就理所当然地变得越来越重要。也就是说，对于休闲的需求增多了，人们的工作时间变短、假期变长、退休年龄提前。这种情况在其他国家发生过，也在芬兰的历史中出现过。1960 年，芬兰人年平均工作时长为 2005 个小时，到了 2006 年，这个数字减为 1624 个小时——现在人们的经济能力使他们可以承受因工作时间缩短而带来的损失。这种趋势其实不值得大惊小怪——当物质条件改善时，人们会很自然地增加自己的非物质性活动。由于这种趋势会导致税基的缩小，因而给公共部门出了难题——劳动收入需要上税，但是休闲娱乐可不用上税！当然，就个人角度而言，人们不会认为决定减少工作就是为了要少缴税，但是税收

的减少仍然是决定减少工作的后果之一。当很多人都选择拥有更多的休闲时光时，税基就会缩小（见第六章）。

综上所述，我们得到了一个可以称其为"增长悖论"的结论——经济增长可能引起对福利服务需求的增长，同时也提高了提供服务的成本，并缩小了为服务活动提供经费的税收来源。未来，对于更优质服务的需求，和对于休闲的需求，哪个增长更为重要，还不能确定。然而，休闲活动的增加，很容易产生与人口变化相同的效果。表5-1更加具体地解释了为什么福利国家的经济增长不但没有解决财政问题，反而让这些问题进一步恶化。

第四节　一个简单的解决方案——让家庭来提供服务？

偶尔会有人建议说，对于服务提供与服务财政带来的问题，有一个干脆直接的解决方案：让家庭来提供服务，例如，让子女来照顾父母，让父母待在家里照看孩子。这个方案的逻辑似乎是只要把服务提供从公共部门中转移出去，问题就消失了。但是这样的推理是错误的，它没有考虑到两个很重要的方面。

首先，我们所面临问题的根源在于服务活动自身的性质，而不是服务的提供者。即便由家庭提供服务，也会面临着服务变得更加昂贵的问题（这里的另一种选择是在市场中工作，市场中的实际工资不断上涨），而且对服务的需求也会随着社会的发展而增加。为应对这种情况，家庭就会增加服务生产量。如此一来，劳动供应与税收来源就会萎缩，从而加重了财政问题，适得其反。

其次，很多种类的服务活动都有规模经济效益。我们以日间护理这项服务为例进行分析。比如有两种情形：一种情形是有四个家庭，每个家庭都要有一个人留在家里，照看家里的一个孩子；另一种情形是四个家庭中只有一位父亲或母亲留在家里，照看四个家庭的四个孩子。在第二种情形下，另外三个照看人就能被释放到市场经济中去工作，增加社会生产，提高物质生活水平。设立幼儿园和老年护理机构的目的，正是为了发掘利用这种规模经济效益。由公共部门专门为儿童与老人提供照料服务，就能提升劳动供应量，尤其是女性的劳动供应量。这也是北欧国家能在高税收的环境下仍保持很高劳动力参与率（尤其是女性的劳动参与率）的重要原因。因此，将服务生产转移至家庭将对公共财政产生剧烈影响，这不仅仅是由于家庭生产不用缴税、市场生产需要缴税这个事实。

- 福利国家低估了个人与家庭的责任吗？

以上论述并非表示我们不需再决定哪些服务应由福利国家提供，哪些应由个人来负责。公共服务的安排可能会导致一种不好的结果，即个人本身的付出太小，而对社会能为他们做的事情又要求过高。同时，判断某些活动是应该在家庭、市场，还是在公共部门的范围内进行，也需要考虑诸如性别平等、家庭价值和社会化过程等因素。总之，我们的观点只是想强调，把服务活动转移至私人领域解决不了与公共服务提供相关的基本财政问题。

第五节　服务挑战与人口挑战并驾齐驱

我们所论述的两种挑战——人口挑战与服务挑战——有着不

同的起源，但二者又同时出现，使它们带来的难题也被放大了。为了评价整体挑战的重要性级别，我们不妨重新回到第四章中的公共财政预测那一部分（见图4-7、图5-2）。图5-2中的基线从根本上反映出人口变化给公共财政带来的影响（收入减去支出）。这里，我们通过两个额外的情况对这一基线做些修改。

（1）第一种情况，假设劳动生产率从2005年开始，每年总体增长0.5%，一直持续增长到2050年。正如栏5-1所示，根据"鲍莫尔"假设，劳动生产率的提高只关乎私营部门，而与福利服务的提供无关。

（2）第二种情况，假设除了劳动生产力的发展外，福利服务的提供量也提高了0.25%。这种假设符合"瓦格纳法则"，即收入的提高也会使对福利服务的需求增加。

栏5-1 经济增长与福利国家

在第四章我们曾讨论过，经济增长不是应对人口挑战的解决之道。在本章里，我们提到经济增长也许还会让财政问题恶化。这些原理是十分重要的，但时常被忽视，或者在政策辩论中得不到理解。本栏列出了上述论断背后的基本逻辑。在解释经济总体增长（劳动生产力提高）对于财政的影响之前，应该首先申明两点：第一，我们并不否认经济强劲增长的重要意义；第二，我们的重点不是讨论如何提高经济增长率这个很复杂的问题（第三章中探讨过）。我们只是想表达这样一种观点，即经济增长虽然有很多合理性，但靠经济增长不太可能解决福利国家在未来几

第五章　福利服务：攀升的成本与扩大的需求

10年里将面对的越来越严峻的财政困境。

我们来设想这样一种情况，在这种情况下，经济增长是由物质生产的劳动率提高推动的，而提供福利服务的劳动生产率保持不变。这是一个关于技术的假设（我们关于"鲍莫尔假设"的版本），这一点我们前面已讨论过。现在，我们借助图5-1，运用简单的话语就可以解释经济增长对公共财政的影响了。

第一，经济增长意味着更多的产出和更高的收入，也就意味着更大的税基和更高的税收（见图5-1，A框）。这也是那些声称更快的经济增长可以解决公共财政问题的人头脑中存在的观念。

第二，私营部门劳动生产率的提高，不但会提高该部门的工资水平，还会提高包括公共部门在内的整个经济体的实际工资水平（这是市场力量和/或工会进行工资协商的结果）。公共部门的工资上涨，意味着公共开支上升，也就吸收了一部分税收的增长额（见图5-1，B框）。

第三，公共养老金及其他社会转移支付的增长，会相对落后于工资的增长，除非它们受到工资指数化的保护，或者可以通过自由裁量来增长。迫于政治的压力，转移支付一般不会永远落后于收入增长。假设这种分配限制不变，用于支付转移的公共开支就会吸收剩余的税收（见图5-1，C框）。根据"鲍莫尔假设"（或"鲍莫尔病"），这种分配限制阻碍了经济增长对公共财政情况的改善。

第四，收入的提高很容易引起对包括公共福利服务在

内的服务活动需求的提高。需求的收入弹性系数通常为正，尤其像对卫生保健这样的服务，其需求收入弹性则更大。持续增长的收入，给福利服务带来了不断扩大的需求，给政府部门带来了不断增加服务提供量、改进服务质量的压力。此时，社会又要呼求更多的公共支出（见图5－1中的D框），可是已经没有多余的税收可供提取了。所以一个很可能的结果就是，单纯的经济增长不但无法改善公共财政问题，反而会使之恶化。只有一种办法能让经济增长有益于公共财政，那就是让公共部门的收入和/或转移支付低于总体收入的发展水平。

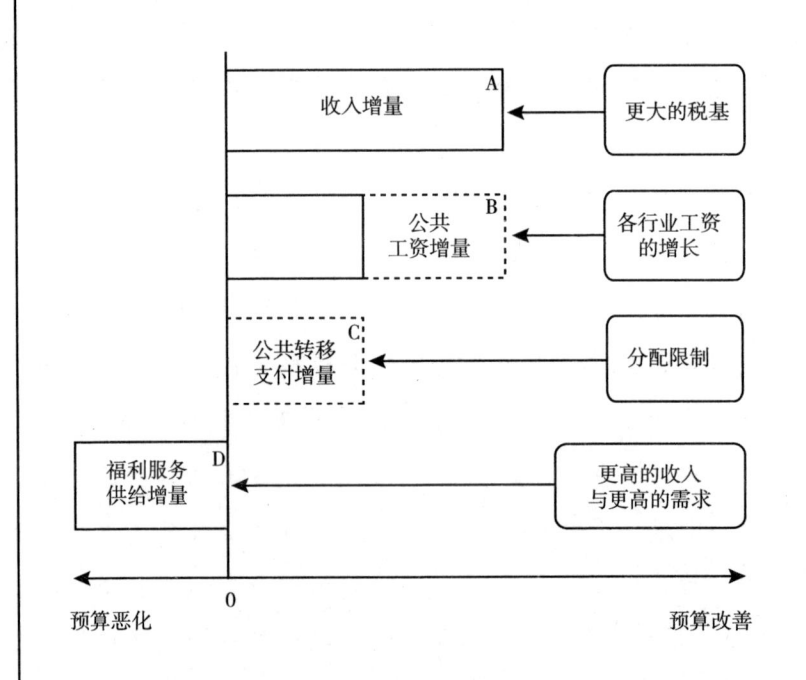

图5－1　福利国家与经济增长困境

说明：私营部门劳动生产率提高所带来的预算影响。

> 第五点解释（图 5-1 中无体现）就是收入提高后，可能使人们对于休闲娱乐的需求有所增加，从而在某一特定（净）工资水平上的工作量减少。由于休闲需求的收入弹性为正相关（数量很可能十分可观），因此劳动供应会缩减，而随之而来的失业率上升将缩小税基。
>
> 再次申明，以上的论述并没有反对经济增长本身的意思。经济增长对物质生活水平的提高绝对是非常重要的。同样，如果芬兰要保持其高收入国家的地位，继续提高劳动生产率也是很重要的。该栏所要表达的观点是，经济增长不是医治福利国家面对的财政问题的良方。或者换一种方式来表述，那些鼓励经济增长的政策不会收获双重红利，即一方面改善了物质生活，一方面又能保证公共财政健康运行。为使福利国家的财政状况具有活力，需要做出更多艰难的政策决策。

- 经济快速增长，扩大了税基，提高了公共工资与转移支付，同时也提升了对于福利服务与休闲生活的需求——经济增长对于公共财政问题无济于事

图 5-2 列出了这两种情形的结果。第一种情形看起来能让预算恶化速度减慢，而且与基本情形 4.3% 的赤字相比，其长期基本财政收支赤字"仅有"3.5%。该结果看似不符合上面的论述，即劳动生产率的提高不能解决由于老龄化而产生的财政问题。但是，第一种情形下赤字的减少是芬兰收入养老金系统中指数条款规定的结果。根据该条款的规定，养老金根据

消费价格增量的80%与工资增量的20%来调整。因此，劳动生产率的提高（在此模型中反映为对应的实际工资增长），随着时间的推移将导致养老金增幅相对落后于工资增幅。所以，第一种情形下实际工资增长快于养老金真实值的增长，收入分配会向有利于在岗劳动者的方向变化。这样一来，第一种情形实际上是支持了上面我们得出的结论，即只有禁止所有人从经济增长成果中分得利益，劳动生产率的提高才可能解决福利国家的财政问题。这种办法有可能降低公共赤字，但如果对在养老金与工资间重建"公正合理"的分化一事不施加强大的政治压力的话，这种发展方式能否持续很久，还值得讨论。

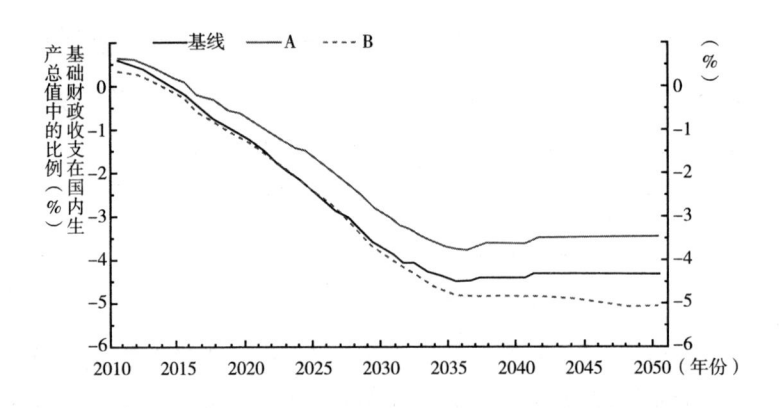

图5-2　芬兰经济增长与公共财政（2010~2050）

说明：A=劳动生产率增长0.5%；B=A+福利服务增长0.25%

资料来源：财政部。

第二种情形显示出福利服务中0.25%的供给量增幅与劳动生产率0.5%的快速增长对于基本财政收支的合力作用。二者使基本财政收支情况恶化，从长期看，将达到国内生产总值的1%。因此，公共服务增长率中一点小小的增加，将对公共财政产生严重影响，很大程度上加重了财政可持续性的问题。从历史上看，服务总量增加0.5%只算是中等程度，所以第二种情形并不极端，而是我们对支出压力非常谨慎的假设（见第四章注释1）。

总而言之，福利服务活动成本的攀升，对其需求的提高，为服务供给福利国家带来了挑战。正如上文所提到的，挑战的根本原因不在于服务供给的方式（尽管私营部门和公共部门供给服务的表征不同），而在于大部分服务是由公共部门提供的，而且是靠税收支持的。不仅仅是"鲍莫尔效应"、"瓦格纳效应"及医疗服务的进步这些因素会增大支出压力，物质生活的改善也会通过降低劳动供给，削弱这些服务的财政基础。

第六节 为什么增加税收？

税收增加可以解决这些财政问题吗？对于这个由人口变化、成本增加和服务需求提高所引起的财政支出问题来说，提高赋税看似是一个直截了当的解决办法。但事实上，与很多人想象的不同，因为种种原因，采用这个办法会有更大的问题。

- 提高赋税不是一个直截了当的解决办法——因为税率已经很高了，其经济成本非常之大

最初的税收水平已经很高。税收不只是一个关乎资金是流向私营还是公共部门口袋的问题，税收还会影响激励机制：在大多数情况下，经济行为者一定会对税后工作报偿与含税商品价格做出反应。这正是为什么有些税种——例如环境税——可以将人们的决策向着有利于社会的方向引导。但是基于同样的

原因，税收也可以负面地影响、扭曲很多经济决策。典型的例子是，那些直接或间接加在劳动收入上的赋税将使劳动供给减少；个体工作者会被诱导去选择进行更多的休闲活动，而不是去消费（或工作），即便从总体上讲，人们增加工作量也是符合社会利益的。

要理解税收是如何影响劳动力市场的，最好的方法就是通过所谓的"税楔"。"税楔"就是税收在雇主的劳动成本和雇员的劳动收入之间造成的差别。为了理解这个概念，我们来设想一个情景，在这个情景中，雇主和雇员就某一工资数额达成了一致。雇主的成本为工资加上最终社会保障支出（由雇主承担）。雇员劳动所得为工资减去社会保障支出（由雇员承担），以及直接税和间接税。我们必须将直接税与间接税考虑在内，因为二者决定了该雇员付出了劳动后能得到多少消费——不同形式的消费（目前的和未来的）是进行工作的主要动力。因此，"税楔"总量是由社会保障支出、直接收入所得税和间接收入所得税构成的。图5-3列出了不同国家处于平均工资水平的工作者的"税楔"。

• 较大的税楔会降低工作的程度与激励效应，以及其他经济活动

在芬兰，税楔将近60%（57.5%），在经济合作与发展组织成员国中处于较高行列。为了理解为什么税楔会成为就业的障碍，我们假设有一个工作者，他愿意为了得到100个单位的消费回报而去工作。那么他的雇主的生产总值就必须达到160个单位，才能够支付雇员的工资和工资税楔。我们再来假设，有一种生产活动，其产出量只有140个单位，远高于雇员所要

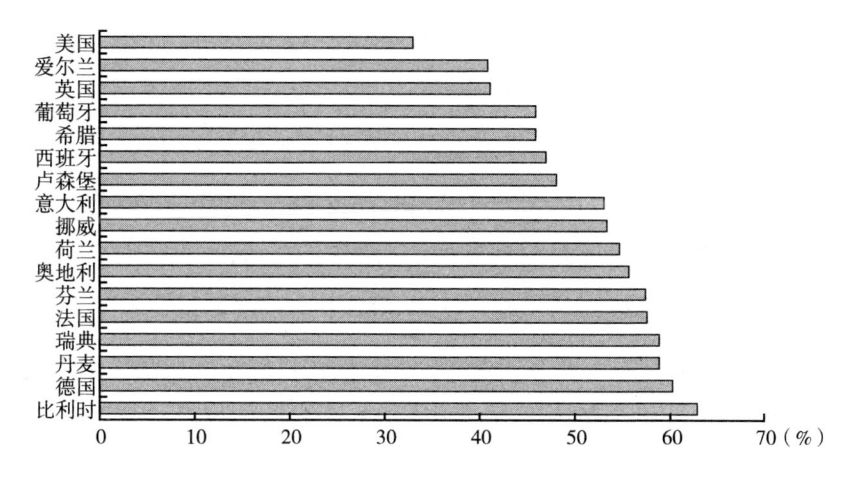

第五章　福利服务：攀升的成本与扩大的需求

图 5-3　各国劳动的总税楔（2003）

资料来源：丹麦税务部（2004）。

求的报偿。总体上看，承担这种工作是值得的，如果不是税收因素，雇员肯定会接手这项工作；雇主将得到 40 个单位的利润，雇员将得到 100 个单位的回报（或者他们也可以通过其他方式分享这 40 个单位的盈余）。但因为有了 60% 的税楔，这项生产活动对雇主来说不是无利可图的，就是对雇员来说报偿不足（或者两种情况并存）的。税楔让人们不愿去从事那些没有税楔的生产活动。税楔越大，这种影响就越大——假如把税楔调高至 65%，那就意味着所有产出值在 160~165 个单位之间的生产活动都是不划算的了。

实际上，如果税楔由 60% 增至 65%，其对经济活动的危害要大于税楔从 40% 增至 45%。这是因为对收入征税不会让经济活动和总收入保持不变——税收越多，从经济活动中产生的总收入就越少。此外，如果最初税收水平很高的话，这种效果就更明显。这种现象折射出一种政策困境：收入所得税是福

·95·

利国家的资金来源，但赋税上涨又会使收入这块蛋糕缩水。

● 这里有一个"公共池塘"的问题，因为从整体上看，每个个人不会考虑自己的决定对整个社会所带来的影响

有人可能会问，为什么会出现这种问题。如果大家都明白，我们需要税收来资助我们都支持的财政国家，那么为什么会出现这个问题？答案就是，每个个体的缴税不会直接影响到缴税者所能享有的服务。这也正是北欧模式的显著特征之一，即权利与税务支出无关。换一种说法就是，每个个体在缴税上贡献多一点或者少一点，其影响是可以忽略不计的，因为这个影响是由其他500万公民共同承受的。可是，一旦所有人都贡献少一点，那么这个影响就会累积，进而对整体财政状况产生巨大影响。

● 增收1欧元税的经济成本，要远远大于1欧元

税收的扭曲作用，表明征税并不是没有成本的。提高1欧元公共收入的成本要明显大于1欧元。之所以如此，是因为这个成本既包括欧元流入公共部门的直接影响，又包括由于税收因素而被挤出去的经济活动。比方说，如果1欧元的税让收入减少20%，那么让1欧元流向公共部门的成本就是1.2欧元，即支付的1欧元与20%的间接收入损失之和。虽然目前已有的估算还很不确定，但是能够显示出芬兰及其他北欧国家的公共基金（边际）成本的确要比直接成本高很多，因为效率损失增加了。

● 对劳动征税让休闲活动具有过高的吸引力

税收带来的一个问题，就是让个人进行休闲活动的代价要低于社会进行的代价。个人若选择享受更多的休闲活动（更短的工作时间、更多假期和更早的退休），他/她将失去税后净工资，或是净工资可以购买的消费。对社会来说，休闲的成

第五章 福利服务：攀升的成本与扩大的需求

本是损失整个收入，包括公共部门的税收收入。所以，税楔在个人休闲成本与社会休闲成本之间造成了差异，个人的休闲成本要低于社会整体的休闲成本。

● 北欧经济体如何才能在高税率的情况下取得合理的良好表现？

以上的论述，会让人对北欧国家的情况感到困惑：如果税收具有如此大的潜在危害，那为什么北欧国家的总体劳动参与率会如此之高，为什么北欧国家会跻身世界富国之行列？对于这个现象，有很多解释（尽管如此，人们可能还是不能完全理解）。

一个重要的原因是，税收扭曲不能单独由公共资金的支出方式来评估。如果公共资金用在了教育或日间护理设施上，那么可能有助于扩大收入，但如果用于文化活动（即便有其他正当理由用于文化活动），这种有助于扩大收入的作用就会变小，甚至消失。另外一个是机构的作用。劳动力市场一直是高度集中式的，因此对于工资与工作市场的关键决定不是由个人做出的，而是由核心机构做出的，这些核心机构可能已经考虑到了社会的休闲成本要高于个人的休闲成本（我们在下一章会再次讨论这个问题）。此外，国家也制定了很多政策来支持"作业线"；社会保障网络中的很多元素都要求个人积极地去求职，工作福利政策也具有同样的目的。

● *税率的增加将增加效率损失——其比例关系会越来越大*

如上所述，成本，或税收效率损失，是一个递增函数。这一点的意义非常重要。尽管过去我们还有可能应对一些税收带来的扭曲效应，但未来如果税率进一步升高，其扭曲效果会变得越来越难对付。因此，我们不能只是通过简单地观察税收在以前是怎

样影响经济活动的,就来评估增加税收的后果。另外,劳动力市场正变得越来越分散,削弱了这个应对扭曲效应的重要力量。

● 国际税收竞争将加剧高税率的扭曲效应

最后同样重要的一点是,全球化也可能会影响税收的范围及其扭曲效应。税基流动性在不断增强,可能会侵蚀某些税基(部分解决办法是将赋税转移到其他流动性较弱的税基上,例如房地产)。另外,即使人们并不会变得更具有流动性,也必须承认,目前生产活动及其就业较之以前可能更容易迁移。这意味着压在劳动上的高税收负担所带来的负面后果会加剧。

要精确地评估高税收带来的后果是很困难的,这一点无须赘言。但基本可以肯定的是,随着税率的提高,税收的扭曲效应增强了。现在,想要通过劳动力市场政策与集中式的工资谈判来应对这些扭曲,已经变得越来越棘手了。此外,全球化也可能为直接税收减少和税收扭曲效应增强过程推波助澜。因此,在税收已然很高的情况下,依靠提高税收的方式解决财政问题,看起来是一个风险很大、潜在成本很高的策略。

我们这里探讨的财政问题,都是"成熟"福利国家才有的。福利国家的早期处于人口顺应期(不断降低的抚养比率)。起点较低的税率、女性加入劳动市场使得劳动供给的潜力很大。早期福利国家就是在这样的背景下发展的。扩大税基、增加税收负担,使福利国家规模的扩张成为可能。图5-4显示出今天芬兰的税收负担约为50年前的两倍。税基的扩大,是由于将女性的劳动力参与率提高到同男性差不多的水平(见图5-5)。从20世纪80年代末期开始,女性与男性的劳动参与率保持同步增长。虽然人们可以讨论税收负担再分配的选择问题，但是很难回避这样一个评判，即税收负担全面上涨已不再是一种解决未来财政问题的现实手段。因此，当人口抚养依靠比的增加与现存的高税率让人口结构变得遭遇逆风时，选择政策就更加困难了。

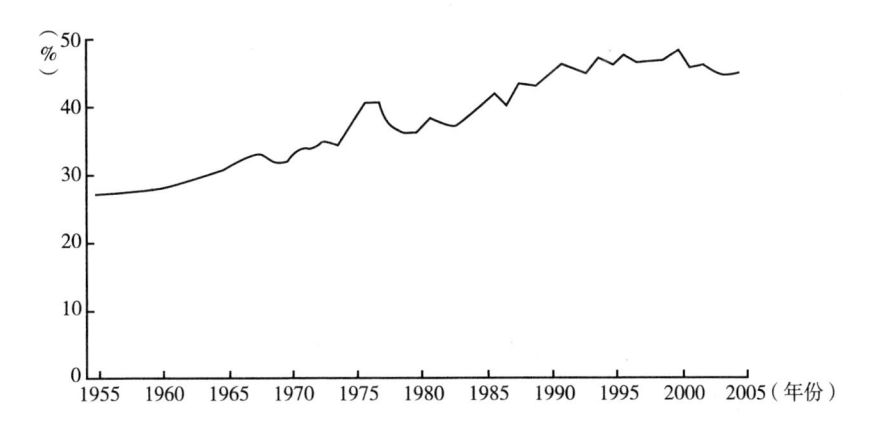

图5-4 芬兰税负占国内生产总值的百分比情况（1955~2005）

说明：仅存1955、1960、1965年的数据，其他年度数值由外推法推算而来。
资料来源：经济合作与发展组织。

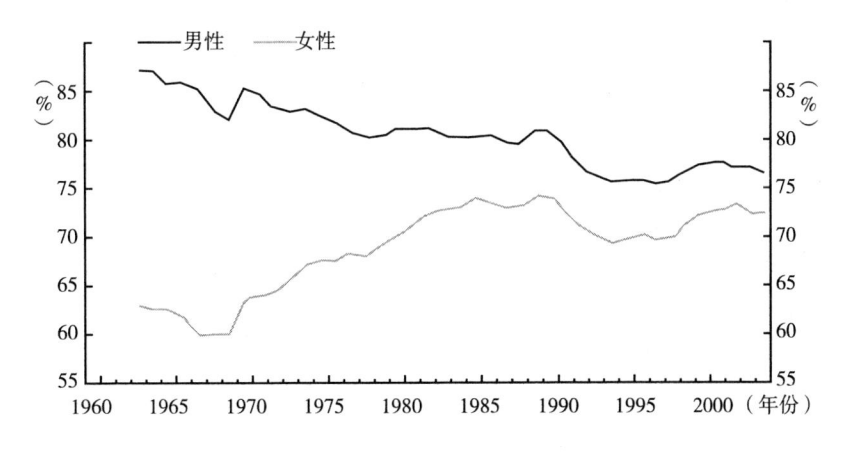

图5-5 芬兰劳动力参与率（1963~2004）

资料来源：经济合作与发展组织。

第七节　艰难之路：应对公共服务挑战的办法是什么？

● 政治家们很难做到这件事：一方面限制福利支出，一方面又满足选民的愿望

公共服务的层次与程度是一项政治决定。因此，解决公共服务挑战的答案似乎应该是政治控制，即政治家应该强硬，避免通过迎合需求增长来提升公共服务的层次和质量。抛开这样的政治家能否当选不提，这是否为一个可行的解决方案，仍是个未决的问题。严格管控将扩大所需服务与实际提供服务间的差距，很快人们就会认为公共部门是"老化"和"缺乏水准"的。这种情况不符合福利国家致力于为大多数人提供公共服务的志向，也很可能诱使有支付能力的人去求诉私人解决方式，也会让很多公民质疑他们纳税的回报。这种后果，会削弱人们对福利国家的支持。

● 公共服务使用费或将发挥更大的作用

产生公共服务困境的原因之一是公共服务的提供种类、供给数量与质量是一项政治决策。人们对于公共服务形成的要求和需要，不会产生"自然的"限制——因为公共服务都是免费（或者以高补贴价格）提供给使用者的。引入使用者付费的机制，可以为决策者提供管制服务需求的工具。使用者付费机制在芬兰已不是新鲜事了；在儿童照料和部分老年人护理、卫生医疗领域已实行了这种办法（然而，2006年，使用者所缴费用只支援了地方政府7.5%的

财政开支，而且这个比例已有下降的趋势）。未来如何更加有效地或更加统一地使用这一工具，还是个值得考虑的问题。无论如何，如果支付能力不能成为判断是否有资格享受服务的标准，那么使用者付费机制就不会成为一种主要的财政手段。

● 我们的关键问题是界定福利国家的核心活动

我们的关键问题，是要决定哪些活动应包括在"公共福利一揽子计划"里，哪些活动应交给人们自己去承担。一种应对公共服务挑战的方法是，将公共服务提供集中在一些核心活动上，保证这些服务达到较高要求，而将其他的活动剔除出一揽子计划。这意味着公共部门将会减少，但是保证了核心服务的质量与可用率能满足多数人的要求，其他事情则留给私营部门来解决。这条解决途径，需要强有力的政治领导。

● 提高公共服务供给中的劳动生产率是至关重要的

最后，某些人力密集型服务提升劳动生产率很困难，并不代表所有的服务活动都这么困难。在很多重要的案例中，是公共服务提供的组织方式造成了效率的降低。通过改善激励机制和优化组织形式来提高效率，仍有很大的空间。第八章我们再讨论这一问题。

注释

[1] 举例来说，1993~2004年，芬兰在卫生医疗与老年护理方面的公共支出年均增长1.9%。据估计，其中0.8%是由

人口结构（年龄与性别）造成的，1.1%则反映出服务质量的提高。2000~2004年，相应的数值为3.5%与0.8%，说明主要增长部分不是由人口结构变化造成的，而是其他原因。关于此问题，可参见Hujanen等人（2006）的论述。

［2］在其"成本压力"情境下，经济合作与发展组织假设，在特定的人口情况下，支出的增长要比收入的增长多1%（这与过去20年的趋势相符）。在"成本抑制"情境下，经济合作与发展组织认为，政策可以逐渐消除这种"多出"的增长。

［3］如果假设其他公共转移支付是以名义的形式提供的，或者只与消费者价格有永久指数关系（平率养老金即属此类），持续的增长就可以更大程度地改善公共平衡状况。然而，历史经验表明，转移支付的增长，是由政治决策造成的。这种增长方式，大约类似于随着工资增长的正式指数而出现的结果。如上所述，这种方式到最后也许适用于收入养老金系统，但是在这个模拟中，我们是假设被认可的养老金指数公式会永远使用的。另外一个为减少赤字而做出贡献的因素是，芬兰的应计养老金权利与（80/20）公式有指数关系：80%基于工资增长，20%基于消费者价格。该模拟是用一般平衡模型（FOG）完成的，该模型一直为芬兰经济研究所使用。

［4］这是税收理论的一个常见结论，即由税收造成的效率损耗是税楔的非线性（接近二次）函数。

［5］可参见Kleven和Kreiner（2006）。

第六章
充足的劳动者？充足的劳动？

- 北欧劳动力市场支持分担风险、主张自由贸易

我们认为，北欧经济体有两大相辅相成的关键优势：一是风险分担，二是向全球化开放。北欧劳动力市场的很多特征，也可被看为这种风险分担、利用全球化机遇战略的组成部分。例如，在一个以"泰勒制"组织行业的时代里，增加行业一般收入这种方式，有效地提高了实际工资的灵活性。与此同时，这种增长结合高投资与熊彼得创造性毁灭过程，促进了劳动生产率的提高。值得注意的是，北欧国家劳动力市场的主要组织，不仅支持较高的就业率，同时也主张技术进步与自由贸易。尽管强大的劳工组织有时会发出反对市场的言论，但对于利用国际劳动分工这种目标，这些劳工组织并没有将其置于死地。保护主义，是劳动力市场中两派都反对的事情。

- 政策支持女性有更高的劳动参与率

一种很强烈的"韦伯式"职业道德一直影响着北欧社会。北欧社会致力于性别平等，利用儿童照料机构及与儿童相关的较高福利，鼓励女性参与劳动。这样一来，女性也有可能将自

身事业与养儿育女结合起来，并反过来促进劳动供给，提高就业率与社会生产。此外，由于北欧国家的家庭政策，北欧的人口预测结果要好于南欧国家的人口预测结果（在南欧国家，人们更多的是在家里照料孩子）。

● 仅凭过去的优势是不够的，改革势在必行

通过以上论述，我们看到了北欧劳动力市场的诸多优势。但是，我们现在看到的很多北欧劳动力市场机构与政策，都是20世纪50~60年代设计制定的。那个年代，福利国家的情况、生产技术与国际经济规则与现在的局势大相径庭。我们认为，有些劳动力市场机构与政策（或许在芬兰更为突出），已不再能成为取得"北欧模式"基本目标的有利条件。因此我们的观点是，只有对北欧劳动力市场模式进行全面改革，才能使其立于不败之地。这与我们的整体判断是一致的。

● 高就业率是北欧模式的必备条件

无须多说，运行良好的劳动力市场是经济健康发展不可或缺的前提。基于在第四、五章讨论过的人口结构转型问题，劳动力与就业构成了经济的主要资源限制。北欧模式要保持活力，关键的一点是可生产就业的总量要能满足庞大的公共服务部门的人力需求，以及提供足够的税基及收益用于包括福利服务和养老金在内的公共开支。

高就业率需要合理的稳定政策，以及有利于降低失业率的结构和机构。一直以来，人们总是把北欧国家与目标宏伟的就业政策联系起来，但自20世纪90年代起，北欧国家的表现开始摇摆起来。例如，瑞典与芬兰的劳动力市场在20世纪70年代经历了严重的宏观经济波动，到了90年代这种波动更为严

重。其失业率至今尚未降至 20 世纪 50~60 年代的水平。那 20 年里的低失业率现象，部分原因可归结于公共部门的持续扩张。

高水平的就业率与劳动投入要求：

（1）较大的劳动总供给或较高的劳动力参与率；

（2）每个劳动者贡献充足的平均劳动时长；

（3）较低的（结构性）失业率。

我们将在下面几节中分别讨论这些问题。

栏 6-1　北欧劳动力市场是由什么构成的？

工会化率。北欧国家的工会成员比例最近虽然下降了一些，但仍然高于世界其他地方。不同组织间的协商，对工资构成与工作条件有着重要的影响。

行业内部统一工资增长。自第二次世界大战以来的很长一段时间里，北欧工资协商制度的特征是集体决定工资统一增长——无论从相对意义（百分比）还是绝对意义（货币单位），一个工会中所有成员会得到相同的工资增长额。

行业间协调。整个经济体的工资水平常常是由中央工会联合会与雇主组织间的协商和咨询决定的。通过这种方式，工会更易于把高工资诉求会同整个经济带来的负面影响加以考虑（将"外部因素"、"内部化"）。这种方式也可能会让工作机构引入灵活工资的做法更加困难，因为国家协调旨在关注工资增长的多少，而忽略更加成熟的合同设计。

双向咨询与宏观经济政策互动。政府对整个经济的工资协商协调给予了帮助。决策者，尤其是芬兰的决策者，以合

同工资增速来确定税收调整方向。他们通过这种方式鼓励适度调整工资。但是在瑞典，通常不允许政府介入工资协商过程。在高通胀时期——直至20世纪80年代——全面收支安排的结果虽然导致竞争力受损，但常常因为软汇率政策（贬值）而降低了危害。从长远看，这种支持高就业率的方法显然是不可持续的。

"团结一致的"工资协商。瑞典统一工资增长，其原始动机为控制通货膨胀、限制局部工资浮动，同时提高生产率。所谓的"瑞恩—梅德纳"模式关注的问题，是控制利润超过平均水平的企业里工人过高的工资要求。统一工资增长被推崇为解决办法，因为这种方式能通过让利润超过平均水平的企业增加投资，来提高劳动生产率（那是个实行信贷配给制的时代）。

一时间，无论是绝对意义还是相对意义，低工资的系统性增长都高于高工资增长。后来，因为这种再分配团结主义导致了商业与专业雇员的反对，并最终在20世纪80年代导致了对工资协商的国家协调的失败，这种理念被摒弃了。

慷慨的失业保险计划。在瑞典、芬兰和丹麦，工会承担着执行失业保险计划的责任，该计划是由税收支撑的补贴支持的。这种"根特系统"增强了工会的力量，因为是否能获得失业保险是与工会会员身份相联系的。挪威从未使用过根特系统，失业保险的责任是由国家来承担的，这也是挪威工会化程度较低的原因。芬兰自从将失业保险基金与会分离后，其工会化率就从85%骤降至70%。北欧国家的工

> 净失业福利更换率比欧元区国家高出约10%，比盎格鲁—撒克逊国家高出约20%（见表2-1）。
>
> 就业保护立法。在就业保护立法的严格程度方面，北欧国家各不相同。从平均程度上看，北欧国家就业保护的严格程度低于欧洲大陆或南欧国家（见图2-1）。瑞典也许有着制约性最强的劳动法律，但仍没有阻止瑞典在2007年取得了约80%的就业率。在过去的20年里，芬兰放宽了那些让企业难以解雇的工人的就业保护措施。
>
> 积极的劳动力市场政策。与其他国家相比，北欧国家通过工作中介、就业培训与就业补贴等方式，在积极的劳动力市场政策上投入更大。瑞恩—梅德纳模型统一工资增长中的一个理念是，帮助失业人员重新找到工作，并前往新的地区，从事新的职业。瑞典也是在积极的劳动力市场政策策略上投入最大的国家之一。以工作福利制为形式的积极劳动力市场政策，即对寻求工作与在职培训的利益实行更加严格的调控，近些年来越来越受到欢迎。

第一节　让更多的人工作——外延边际很重要！

• 最为重要的政策问题是"有多少人在工作"而不是"一个工作者平均工作多少小时"

劳动供给包含两个重要的维度：不同年龄人群的劳动力市

场参与率，以及劳动者的平均工作时长。前者被称为外延边际（"是什么决定了参与劳动或不参与劳动的选择？"），后者被称为内涵边际（"劳动者工作多少小时？"）两种边际都很重要，但如今学者间逐渐形成一种共识，那就是外延边际对政策决定更为重要。

换言之，税收与社会保障参数对于"我应该参与劳动力市场吗？"这个问题的影响，要比其对于"如果我有工作，我应该工作多长时间？"这个问题的影响更为重要。外延边际与人们的年龄情况和他们对公共部门的净贡献程度紧密相关。以图1-1为例，这里关键的政策问题就是：如何鼓励年轻人加入劳动力队伍，以及如何限制年长者从劳动力队伍中退休？

直到最近，学术文献与政策辩论中才开始认可外延边际的重要性。传统的劳动力供给分析主要关注劳动者的劳动供给弹性，并发现这种弹性较低。这种以外延边际为重点的新式分析，对劳动供给弹性的估算就要高很多。这种结果，也带来了对税收在抑制市场工作供给中的作用不同的评估方法。对于休闲与工作选择的传统教科书分析认为，只有边际税率（不是平均税率）能影响工作时长。与之相反，新的理论范式强调平均税收与劳动供给的联系（也将可能的社会福利撤销城市考虑在内）。结果显示，外延边际对休闲与工作的选择的扭曲作用，比经济学家们之前料想的还要大。这一结果得到了最新的实证研究的印证，这些研究的重点是人口中某个人群的较大参与率回应。特别是，处于收入分配底层的人群、年轻人及老年人的劳动供给决定（以及这三类人群的交集，即低技能的老年人、低技能的年轻人）对税收设计、社会保障及养老金制度的影响可能会很大。

关于劳动参与率的比较数据显示，美国与欧洲在工作时长上的差别，是由外延边际中的不同选择造成的，即由年轻人、老年人与女性之间不同的劳动参与决定。与此类似，Kleven 和 Kreiner（2006）也在他们的研究中强调了与高税率相关的效率损失中外延边际的问题。他们发现，劳动力市场参与（从"失业陷阱"的意义上说）的负面效应在北欧国家非常显著。这种负面效应在劳动生产率分布底端尤为明显，这是慷慨的失业福利与高收入所得税共同作用的结果。

● 在家庭政策上的公共支出与社会福利的"工作福利"制约支持高就业率

另一方面，尽管北欧国家税楔较大，但是劳动力参与率却较高。这说明其他因素，诸如劳动力市场政策或是较高的女性就业率等，可能冲抵了高税率带来的影响。所以，庞大的福利国家与适当的工作激励机制互不相容的结论未免草率。我们认为，应当利用其他手段与政策工具来补偿税收造成的扭曲。例如，可以引进更加严格的社会保障福利的"工作福利"限制条件。对于失业福利的获取，也可以变为有条件的：曾经必须拥有全职工作，且工作已满数月或数年。同时，如果失业人员不愿接受政府在其他行业与地区提供的岗位，政府可以取消其失业福利。

● 如果决策者不能降低与劳动力市场关联较弱人群的工作门槛，那么高税收就会与高就业率发生冲突

按照这种思路的政策选择，看似在北欧政治文化中并不

受欢迎。但我们相信，如果北欧高税收与高就业现象想继续并存下去，这个政策方向将是决策者的最终选择。的确，此类限制条件本身不是什么新鲜事物：在工作与福利之间已经存在一些关联，这也可部分解释北欧国家的高劳动力供给现象。然而，我们相信有一点非常关键，那就是决策者应该更加关注与劳动力市场关系脆弱的人群，降低他们工作的"门槛"。年轻人、老年人及低收入人群的劳动参与决定是值得特别关注的。在瑞典，政府最近实施了所得税抵免政策，该政策大大降低了低收入人群的边际税率。与此同时，失业福利的更替率也削减了。人们预计，这些改革总体上会把潜在就业率提高 1% ~ 1.5%。

公共政策对于个人劳动力参与决定的影响——比如税收与转移支付体系、教育及养老金体系等——必将是非常复杂的。例如，公司的退休政策最终为养老金制度做出调整。重要的是，经济行为者会对激励做出反应，税收与转移支付计划会影响劳动市场参与率。无须多言，激励同时影响雇佣者与被雇佣者。总之，我们认为，提高劳动力市场的参与率，尤其是年轻人与老年人的参与率，是最为重要的。

在这方面，芬兰所取得的成绩还不足称道。芬兰老年人（55~64岁）的活动率与就业率低于瑞典与丹麦（见表6-1、表6-2、图4-3）。就年轻人群体（15~24岁）而言，瑞典和芬兰的表现也比丹麦差。在激活、雇佣年轻人与老年人方面的不佳记录，是芬兰总体就业率相对表现一般的（以北欧标准衡量）主要原因。

表6-1 总体就业率及不同年龄人群就业率（2006）

单位：%

	丹麦	芬兰	瑞典
就业率（15~64岁）	77.4	69.3	73.1
就业率（15~24岁）	64.6	42.1	40.3
就业率（25~54岁）	86.1	82.4	84.7
就业率（55~64岁）	60.7	54.5	69.6

说明：就业率＝就业人数在同龄总人口中的占比。
资料来源：欧洲社团统计机构。

表6-2 总体就业活动率及不同年龄人群就业活动率（2006）

单位：%

	丹麦	芬兰	瑞典
就业活动率（15~64岁）	80.6	75.2	78.8
就业活动率（15~24岁）	69.9	51.8	51.3
就业活动率（25~54岁）	88.9	87.8	89.4
就业活动率（55~64岁）	63.2	58.5	72.8

说明：就业活动率＝劳动力市场中的人数在同龄总人口中的占比。
资料来源：欧洲社团统计机构。

第二节　工作更多而不是更少！

我们已经强调了"外延边际"的关键作用，即个人是否参与劳动力市场的决定。当然，这并不意味着内涵边际不重要。为了使人们工作较长的时间，给予适当的激励也是十分重要的。这方面，决策者面临着挑战，因为人们的工作时长已经经历了（一直到最近）一个清晰的、不断减少的历史过程。

从传统经济学来看，这并不令人惊讶，随着不断提高的收入水平，人们对于休闲时间的需求也在增长。无论如何，只有在消费者具有可支配的足够的休闲时间时，消费品才能发挥它们的作用。

● 随着收入水平的提高，人们对于休闲活动的偏好在增加——这将减少工作时间

我们的目的不是向人们灌输那些应该努力工作的道德责任，但是，我们认为北欧国家的选民（或是政治家）并没真正理解可持续性工作激励的基本挑战。由个人来自由决定工作时间长短和休闲时间长短，毫无问题——前提是休闲活动对于个人的价格（以放弃收益的形式）充分反映了休闲活动的"全部"成本。但是，正如我们所探讨过的那样，北欧福利社会的独特结构很可能扭曲这个选择，而更加倾向于休闲活动。因此，这种情况导致了潜在的矛盾，以及缺乏可持续性这一问题，尤其是当人口结构的优势降低时。

● 高税收与其他公共政策将个人及工会的决定从工作上转移开，而倾向于更多的休闲活动——这种做法，是对总体经济后果缺乏应有的考虑的

北欧国家的很多制度与政策扭曲了其公民关于工作与休闲的选择。北欧国家有相对较高的社会保障水平、环境保护水平，以及较发达的城市基础设施。此外，北欧国家还特别对公共交通、住房、艺术与文化等领域进行了慷慨的政府补贴。这些公共产品是高补贴服务，加上基于劳动收入的高税收，导致人们倾向于选择进行休闲活动。大规模的集体行动与公共产品，意味着一个人生活在北欧社会中，即便其市场收入较低，

生活也会过得很舒适。这不仅仅是北欧一揽子政策的副产品，还反映出北欧社会政策及其他政策的根本目标，那就是广泛提供公共产品与社会保障，以此来确保公民免于承担风险与遭遇极端贫困。

● 决策者应该鼓励人们更多地工作，而非更多地娱乐

简言之，从广阔的（社会的）角度看，人们是被诱导着减少工作时间，以至于达不到理想水平的。因为税收和其他的扭曲因素无法消除，决策者应使用其他工具来补偿这些扭曲的结果（或者从反方向去"扭曲"人们的劳动供给选择）。此外，人们已经享受到了公共补贴的教育，因此，对鼓励休闲密集型职业的项目进行补贴，不应成为北欧国家政策的一部分。所以，决策者应该废除不必要的抑制工作机制，比如"自由年"和其他不鼓励人们工作的计划。

● 存在这样的情况，即劳动力市场关于整体工作时长的决定会被集中或被协调

在造成工作时长缩减的外部原因中，还有一个因素与关于缩短工作时长的集体协定有关。有时候，对于某些特定行业的工会和劳动者来说，缩短工作时长的协定比增加薪水的协定更具有吸引力。在工会及其相关者看来，这可能是个不错的主意。但是，我们必须清楚，缩短工作时长的协定会给其他工人带来影响，他们需要继续工作更长的时间，缴纳更多的税收，来为全体公民消费的服务活动提供资金。

因此，负责任的工会应该以维护工人团结的名义，抵制减少工作时间的行为。我们认为，分散的，甚至个人的工资谈判，在一个应用现代化生产技术和全球化的世界里，是可行

的。到那时，工作时长将是一个非常需要协调的问题，总体工作时长也应在一个比较集中的工会—劳动者的组织层面上进行处理，并达成一致意见。否则，单个的工会可能不会对社会成本做必要的考虑，而同意减少工作时长。集中化的，或是协调化的决策是北欧劳动力市场结构的一部分，这一机制框架存在的意义，在于保证人们对工作时间长短进行决定时，将这些决定会带来的广泛影响考虑在内。

● 北欧国家人均工作时间更长。考虑到北欧国家较高的税楔，这个现象超出预期

一个值得注意的事实是，尽管北欧的税率相当高，但是北欧国家一直保持着较长的工作时长，图6-1说明了这一点。该图体现的是欧盟15国的平均工作时长及全部税楔的高低（包括收入所得税、社保贡献和间接税）。从统计学角度，我们可以看到在税楔与工作时长之间，存在显著的负相关，这是

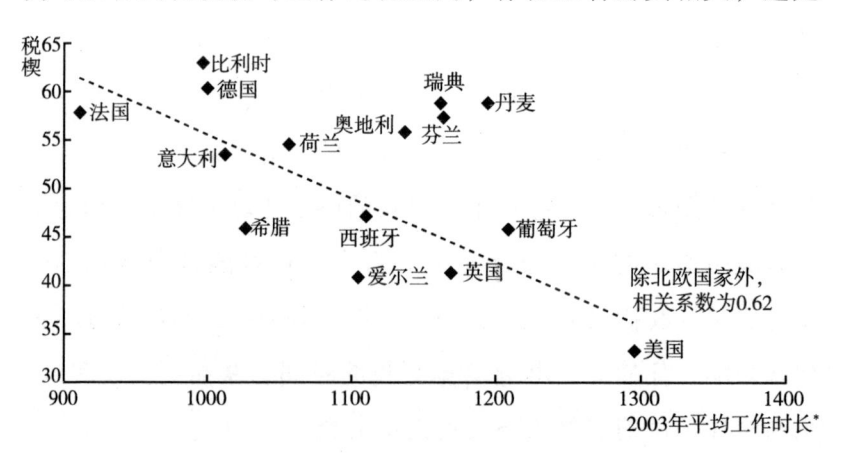

图 6-1 欧盟 15 国的税楔与工作时长

* 劳动年龄人口平均工作时长。
资料来源：经济合作与发展组织。

理所当然的。但是，当我们看北欧国家的统计结果时，会发现这种负相关要小得多，从统计学角度已成为不显著关联。这些国家成为"极端值"；考虑到它们有较高的税楔，这些国家的工作时间量高于预期。对这一现象的一个合理解释是，这些国家的中央劳动力市场机构在工作时长的协商上发挥了作用，冲抵了抑制人们去工作的不利因素。另外一个可能的重要原因是家庭政策与女性的作用。

第三节　失业福利、工作福利制与激活机制

良好的就业情况，离不开设计合理的劳动力市场制度和运转正常的工资协商体系。我们将在下一章集中探讨工资协商体系的问题，本章我们主要探讨失业保险、劳动力市场政策与激活机制的作用。

- 失业保险的设计很重要！

确保人们免受失业问题的影响，是北欧风险分担政策理念的重要组成部分，所以其失业福利计划也相应地较为慷慨。过去几十年里，已有大量致力于分析失业保险计划的理论与实证研究。在这些研究中，均未提到过采用失业保险来促进劳动者福利的方法在本质上是不可行的，或是无效率的。但是，这些研究也传达出一个强烈的信息：细节决定成败，失业保险计划的细节设计至关重要。

- 失业福利具有经济和社会两方面的用途——但需以促进再就业，而非促进福利依赖为目的

失业保险的基本困境与其他所有保险系统的困境是同样

的：保险的存在影响着其客户的行为。失业保险可能降低人们求职的动力，并让在职者产生提升他们工资水平的要求。这些潜在的影响，是北欧国家面临的一个重要问题。在北欧国家，有大量的公民参加了各种形式的失业保险和激活计划。

● 失业福利可以是慷慨的，前提是必须设置时间和条件限制，福利体制的规则需要被评估

从研究文献中，可得出以下主要政策性结论：

（1）慷慨的失业保险计划本身并非不可行；遭遇失业并不意味着陷入贫困境地。

（2）但是，我们很有必要压缩福利支付的时间表，并将福利支付的失效日期提前。换言之，保险水平在最初阶段可以很慷慨，但是当失业期延长时，就必须大幅缩减。大量理论与实证研究表明，人们求职的努力程度，会随着保险有效期的临近，以及福利水平的下降而提高。一开始，相对较高的福利水平不与效率发生冲突，但在此之前、失业期的最初阶段，必须设定一个"自我保险"的无福利时期，这样就能抑制社会普遍地向失业状态转变，以及防止保险体系被滥用。

（3）我们也很有必要对福利获取者求职的努力程度进行积极监控。尽管监控成本较高，但严格的监控让更为慷慨的保险体系得以持续。当然，如果对表现不佳者的制裁足够严厉，监控成本也可以得到控制。

（4）同样，从就业培训福利或激活计划条件限制的意义上来说，工作福利的影响也会很强。即使激活计划的劳动生产

率与直接回报很低，但这种计划也可以起到有效的震慑和选择作用——对于那些求职不甚积极的人，是激活计划或者培训课程让失业变得不再有吸引力。

瑞典和芬兰的结构性失业率已至6%~7%，人们不得不对现行的失业保险体系的合理性提出质疑。

● 积极的劳动力市场政策：花钱很多，回报甚少

20世纪50年代，瑞典开始实施统一工资增长制度，该制度与积极的劳动力政策一起，试图帮助失业工人在新扩增的经济部门里谋得职位。但是，在积极的劳动力市场政策中，多数大规模的执行手段都缺乏效率、令人失望，在瑞典尤其如此。这些政策手段还易于受到选举周期的影响，因为对政府来说，其非常希望通过培训项目和补贴就业等形式，暂时掩盖部分公开性失业。

总体来看，计量经济学的证据表明，劳动力市场政策手段对于解决失业问题，效果不佳、令人失望。培训项目与补贴性就业确实对减少公开性失业有一定作用，但是，直接排挤效应，以及对于提高工资的诉求产生的二次效应，导致其对于失业的净效应要么非常微弱，要么根本不存在。如果雇主用补贴性就业来代替其普通雇员，直接排挤效应就会产生。二次效应又会随着工资形成过程而产生。劳动力市场项目的增长，会导致工会提高工资诉求，从而引起更多的结构性失业。如果对于一个潜在失业者，参加一个项目具有很高的吸引力，而且工会将此考虑到他/她提高工资的诉求中去，那么上述情况将会大量产生。这样一来，工会要求更高的工资将不会那么困难，因为各种培训项目将吸收部分新失业人群。

● 可能由于"工作福利"的作用,丹麦的经验显得更有借鉴意义

尽管实证证据或多或少地带有不确定性,但一般的结论是,劳动力市场政策对于失业问题的影响是相当微弱的。而且,当劳动力市场影响比较积极时,是以普通就业为代价的。一些研究还发现了其对于提高工资诉求的积极影响。所以,总体情况不容乐观。但是,丹麦的经验表明,劳动力市场政策,与其他政策一起,可以发挥非常重要的作用。尤其是,劳动力市场政策管理可以鼓励,甚至迫使人们去积极求职。这体现出著名的丹麦"弹性保障模式"重要的一方面(见栏6-2)。最近,瑞典的劳动力市场管理也开始沿着这一方向改革。

栏6-2 丹麦"灵活保障模式"是什么?

人们经常认为,丹麦能够保持高就业率与低失业率,得益于薄弱的就业保护立法与慷慨的失业保障的共同作用。Andersen 与 Svarer(2007)指出,这种流行观点在一定程度上是错误的。就业政策立法与失业保障早在20世纪80年代就与今天非常接近了,但是在那个时期丹麦却经历了高失业率阶段。而且,从国际比较的角度看,丹麦的就业保障并非那样薄弱,其失业保障计划也只对缺乏工作技能的人才比较慷慨。造成丹麦现在这种情况的真正原因,在于从确保收入水平到确保求职与就业的全面转变。例如,参与到激活计划中,不再能保证可以继续得到失业福利的权利。福利的有效期限也被削减。此外,丹麦实行了新措

> 施，迫使人们更加积极努力地去求职（否则，将有失去其失业福利的可能），增强了"工作福利"制度的力量。这种工作福利政策意味着公共就业服务部门可以要求失业者接受一次被给予的就业机会。如果失业者不符合相关要求，其失业保险基金会将收到通知，基金会可以选择对失业者进行制裁，在一段时间内取消其福利，尽管现实中很少使用这种制裁手段。安德森与斯瓦洛认为正是工作福利政策的实施，让丹麦的面貌焕然一新。但是他们也指出，制裁监督的成本比较高，而且对于不同人群的影响也不同。

● 即便是昂贵的激活手段，如果能帮助年轻人避免被边缘化，也可实现高效合理

虽然积极的劳动力市场政策的总体回报较低，但对于一些特定的人群回报可能较高。特别是，当激活措施对年轻人群体具有积极影响时，会非常有建设性，尤其是当工作履历显示出很强的路径依赖时。要防止年轻人被边缘化成本很高，但在经济上很有效率。这种考虑对芬兰来说尤其有意义，因为在北欧国家中，芬兰具有最低的年轻人劳动力参与率。

● 芬兰的选民和政治家是否足够重视高就业率？

从整体看，芬兰劳动力市场在重要的方面存在很多可以改进的地方。人们认为芬兰表现平平的就业情况（与北欧国家相比）与政治上缺乏对就业问题的重视有关。增加劳动供给以应对人口结构变化挑战，这件必须要做的事情并没有进入政

治家和选民的头脑中去。例如，在2007年芬兰议会选举的辩论上，从未提及这一问题（与2006年瑞典选举活动中的政治辩论形成了鲜明对比），而主要的选举议题仅仅是有关再分配问题的。可现实的情况是，芬兰的人口结构转变速度将要比瑞典和丹麦快得多。而且如前所述，芬兰年轻人和老年人的劳动力参与率要明显低于北欧国家的平均水平。

注释

[1] Bergström（2007）在叙述瑞典工会的经济政策方案历史时，描绘了瑞典工会联盟是如何从建立之初就致力于技术进步和经济开放的。

[2] 参见 Böckerman 和 Unsitalo（2006）。

[3] 参见 Kleven 和 Kreiner（2006），该文的加长版为经济政策研究中心工作报告。

[4] 根据关于宏观经济劳动力供给的估算，已参加工作的最佳就业年龄人群的估计弹性较低。根据直觉判断，税收计划的改变，会轻微地改变个人预算曲线的斜度，从而个人也会轻微地调整自己的工作—休闲选择。事实上，很多研究都表明，受制于在职人群个体情况的工作时长弹性，对于最佳工作年龄的男性来说几乎为零。我们都知道，女性的劳动力供给弹性更大，但即便如此，决策者也不能仅仅通过制定政策来影响人们对工作时长的决定。通过政策影响人们的劳动参与决定也是非常重要的。

[5] 外延边际选择的理论模型通常认为，参与劳动力市场的固定成本很高。这个结论符合直觉，因为对很多人来说，只从事很少量的工作相当不切合实际，而且成本太高——例

如，得往返于工作单位，学习一项新的职业需要花时间，而且雇主也需要为兼职者付出更多的行政成本。

[6] 参见 Kleven 和 Kreiner（2006）。他们采用了欧盟15国的税收与利润的宏观数据。另参见 Eissa 和 Liebman（1996）及 Blundell 和 MaCurdy（1999）。

[7] 一些校正理论模型已能够解释欧洲和美国之间很大的劳动市场差距；关于生命周期中劳动力供给的校正模型，请参阅 Rogerson 和 Wallenius（2007）。他们的研究焦点正是劳动力供给的生命周期模式：一个人在什么年龄会开始他/她的事业，在什么年龄有可能会退休？

[8] 此为位于斯德哥尔摩的瑞典国家经济研究所估测的结果（《瑞典经济》报告，2006.12）。

[9] 例如，Uusitalo 和 Hakola（2001）分析了芬兰提前退休的人员数量是如何取决于雇主和做出这项决定的雇员的激励措施的。

[10] 参见 Cahuc 和 Zylberberg（2004）中的表1.5，部分基于 Maddison（1995）的观点。

[11] 在芬兰，有一项政策对"休假年"（vuorotteluvapaa）给予了税收激励。瑞典也有相似的政策（friår），但是被赖因费尔特政府废除了。

[12] 参见 Fredriksson 和 Bertil Holmlund（2006）。

[13] 瑞典成立了劳动力市场及教育政策评估研究所，该研究所从事关于积极劳动力市场政策的专业评估工作。

[14] 参见 Forslund 和 Holmlund（2003）。

[15] 然而，这些政策也会产生反方向的效果：劳动参与可能会加强个人与劳动力市场的联系，并提高其作为劳动者的竞争力——比如，由于新获取的技能。这可能会改变工会的工资诉求，因为他们知道任何一个新失业的人员都会遭遇来自部分无业人员的竞争。还有一些研究使用了个人劳动力市场职业情况的数据，用以分析参与政策对于获得工作概率的影响。结果显示，这些影响是很微弱的，甚至是指向错误的。例如，Fredriksson 和 Johansson（2003）发现，

参与到工作制造或培训项目中去，会降低个人找到工作的可能性。

［16］ 参见 Forslund 和 Holmlund（2003）。

［17］ 另见 Fredriksson 和 Holmlund（2003、2006）。他们指出，对于不积极求职的行为加以处罚，在理论上是可行的。

第七章
更加灵活的工资谈判

● 工资水平需与宏观经济平衡和充分就业相协调

在工会化程度很高的经济体中,均衡失业既依赖于雇佣者对劳动力的需求,也依赖于工会的工资诉求水平。那些力量强大的工会可对工资诉求产生显著影响,因而也能影响失业率。这些工会的作用是去除干扰宏观经济平衡的工资协定。加强或者强制执行工资稳定制度,以使工资诉求稳定在与低失业率相适应的水平,这是一项长期的挑战。这一点非常重要,因为如果工会的工资诉求足够温和,严格的劳动力市场制度所带来的某些不良后果就会得到控制。

● 在工会化程度高的经济体中,有必要集中或协调工资谈判

在20世纪80年代末期,从Calmfors和Driffill(1988)著名的贡献开始,工资谈判的协调就成为一大批理论模式的研究对象。其中一条结论是,集中的工资谈判有利于在工会化程度较高的经济体中实现高就业率与低失业率。国家协调的工资协议是一个优势,因为这种方式可能将每个工会的高工资诉求的

负面结果考虑在内，并能控制工会竞争。这种讨论增强了集中工资谈判的合法性，强调了实现工资平稳的挑战。

实现充分就业，可能确实会在某种程度上便利工会间的合作。这种要求在像芬兰这样的欧元区国家更值得引起注意，因为这类国家没有国家层面的货币管理机构来应对工会的工资决定行为。在瑞典，大型的工会都很清楚，高工资增长一定会遇到高利率。相比之下，在一个规模较小的欧元区国家，不存在发挥这种作用的中央银行。这就意味着工会间的协调是实现工资诉求温和进行的理想途径。

第一节 统一工资增长

● 在宏观经济层面产生了波动，并且"泰勒式"的生产组织处于主导地位，那么统一工资增长具有合理性

我们不反对工会化经济体对宏观经济工资平稳的需要，我们也不质疑集体协商的潜在益处。集体工资增长可以成为一种原始机制，这种机制能在一个规模小、开放程度高、易受外部变化干扰（如出口需求的波动）的经济体中创造一些工资灵活性。北欧国家劳动力市场中的各方建立集体调节制度，加强必要过程，而不是单独由每个公司就工资问题进行重新谈判。此外，如果企业在诸如新型机器等因素的帮助下，通过提高自身劳动生产率，使得利润增加，而且这部分利润不会被工会征收掉，那么投机的激励效果就更强。这也正是北欧国家集体协商制度过去一直取得的成就：禁止罢工或关闭工厂，把增长工资的决定权交给高层机构。因此，集体协商制度阻止了寻租行

为的产生,加强了投资激励力度。

此外,工会与雇员协会代表可以用集体协商决定的工资增长来调节整个产业的周期位置,以使下降期与低工资增长一致(上升期与高工资增长一致)。芬兰的产业结构不如丹麦与瑞典那样多元,因此这种带有国家协调特征的"收入政策"与统一工资增长制度在很长一段时间里发挥了良好的作用。芬兰自20世纪90年代以来,在电子产业领域的生产量与劳动生产率大幅提高,这得益于瑞恩—梅德式收入政策。这个政策支持对利润丰厚的高科技公司进行投资和扩张。

● 如果变动与风险更加具体化,如果有充分的外包选择,如果个体激励对于提高劳动生产率比泰勒制控制监督的作用更大,那么工资协商的分散化就是合理的

我们的疑虑是,在今天,对产业范围内调节机制的需求远不如第二次世界大战刚结束后的那些年那样强烈。在泰勒制生产组织主导的年代里,统一、平稳的工资增长制度可以很好地使用小规模国家变化无常的出口产业。但是在今天经济全球化的情况下,剧烈的变化和结构转型越来越具体化,可以具体发生在一家企业,甚至一项任务中,而不是发生在国家或部门层面了。企业也可以将其生产的很多环节外包,而任务外包逐渐成为重要的竞争工具。对于整个产业来讲,普遍的工资协定很难在如此环境下控制成本。如果一项特定的操作过程受到了外包的威胁,那么并没有理由把整个企业或产业的工资都进行削减——正如过去那样,一旦纸张的价格下降,所有的造纸厂都要压低成本。成功的北欧企业,必须有能力通过外包提高劳动生产率,以及重新组织生产结构。全球的企业将必须充分重视

不断发展的国际市场,必须实行自己的工资与人事政策,这是个不可避免的趋势。

此外,与传统的直接监控相比,当今生产技术的发展,使得个体激励手段凸显。在泰勒式的产业生产中,以集体协商的方式将工资与具体工作任务相联系,有其合理性。泰勒制时代,企业里存在很多类似的工作任务,要对工人的工作表现进行监督与衡量,比现在容易得多。在现代化的生产环境下,对集体工作表现进行评估,往往很难。报酬应以多种工作表现指数为基础,报酬计划也应具有针对性,考虑不同工作任务和人员的情况。在这种情况下,再通过集体协商的方式规定最终工资结果,就很不合理了。

第二节 工资形成的协商与分散

我们认为,宏观经济上的工资平稳,不应导致更加分散、更加个体化的工资决定机制。实际上,丹麦已经产生了这种趋势,瑞典在一定程度上也存在这种情况。两国都始于统一工资增长传统,而如今它们劳动力市场的大部分都越来越多地被个体化了。这不意味着我们要摒弃工资集体协商方式。个体化是在集体协商的框架中产生出来的。瑞典和丹麦的很多工资协定,都避免将普遍工资增长强加给企业与个人。这些协定只是强调产业和平与规则,声明工资水平应该在讨论的基础上决定。在这个过程中,可能会有少量确定的个人工资增长。

● 芬兰处于落后位置吗?

普遍的、无区别的工资增长水平取决于国家层面的协调。这种工资增长模式已在芬兰存在了相当长的时间。芬兰的欧元区成员国家地位可能从政治上加强了中央协调，因为芬兰必须在缺少能够约束工资制定者的国家货币主管机构的情况下，实现工资平稳。芬兰有很多工会努力为其成员争取相似的工资增长，这意味着相对工资差别十分严格。总体工资差别，以及不同工作任务间的工资差别也相应较低。但是，对工资从宏观经济层面进行调节的需求，被看作是反对工资差别的论调，这是没有必要的。技术的改变，让我们更有理由去重新考量工资政策。事实上，在如今的工资协定下，企业无法根据每个人的具体情况制定不同水平的工资，使得很多雇主越来越不愿意继续生产下去。

芬兰工资制度发展状况与瑞典形成了鲜明对比。20世纪60~70年代，瑞典的团结主义损害了雇主与具有专业技术的工人跟瑞典工会联合会合作的积极性，从那之后，工资增长的集中谈判制度就被取消了。自20世纪90年代中期至今，一种新型工资谈判方式出现了，这种方式依赖于以部门卡特尔谈判为手段的工资诉求协调。一个新设立的政府部门——国家协调办公室，负责推动协调工作，并为劳动力市场各机构提供工资统计数据及关于当前集体协定的描述。白领工人和专业性工会越来越愿意达成那些把最终工资协定留给工作单位个体协商的工资协定。这样的协定至多能设定工资增长的最低水平。集体和普遍工资增长只覆盖商业和公共部门中很少的一部分雇员，而且几乎所有的专业雇员都与他们的雇主以个人谈判的形式协商工资水平。工资协定的形式非常丰富；一些集体协定只是规定了一项和平条款，或最多规定一条对于最低工资增长的

"个人保证"。至于工资增长如何在不同个人间分配,这些集体协定不做任何规定。

芬兰与丹麦相比,差距就更加明显了。在丹麦,集体协定越来越多地集中在对工作时长、养老金、疾病和休假问题的规定上。因此,丹麦大多数私营部门的雇员都直接与其雇主就工资问题展开谈判。他们的雇主必须遵守和平条约。

• 在丹麦和瑞典,很多人通过在工作单位以个人谈判的方式解决工资水平问题——这一切都在遵守集体协定和平条款的前提下进行

与瑞典和丹麦的工资协商分散化相呼应,两国国内不同公司间的工资差距不断增加。这种现象在白领雇员中尤为明显。换言之,个人的工资水平与他/她的可观察特征的关系越来越少,而与他/她的工作公司的关系越来越多。这是一个普遍的趋势,在芬兰的收入数据中也有所体现,但丹麦和瑞典的变化更为明显。如我们所料,芬兰的工资变动差别要明显低于丹麦的变动差别(丹麦的工资变动差别已经明显低于美国)。

基于每个公司的工资水平差异与制度性变化有关。最近一份关于瑞典工资构成的报告显示,个体协议的数量与多数产业部门的工资分布有明显的统计学关联。然而,工资差距的发展也与商业循环有关。总体来讲,如果集体协定允许,工资差距便会大幅加大。相比较而言,在经济衰退时期,收入分布则比较稳定。从这里可以看出,公司会在经济高速增长时期奖励公司里的骨干员工。

与此同时,瑞典的工资浮动幅度一直非常小。瑞典的经验充分说明,在一个工会化程度很高的经济体中,是有可能在不

强加统一工资增长的情况下，实现工资平稳的。实际上，个人工资谈判的方式可能也起到了限制工资浮动的作用，因为个人工资决定可能使雇主调节相对工资水平，以与总工资增长相适应。这是工资谈判过程中的一种通常做法。如果集体协定有充足的空间，让人们在公司层面进行相对工资水平调整，那么工资浮动的幅度是不太可能超过集体协定的工资增长幅度的。因此，宏观经济目标与更多的个人、公司层面的工资协商制度之间，并不一定是矛盾关系。

● *如果工资协商方式继续分散化、个人化，不可能导致工资差距的大幅增长*

芬兰对于个人工资协定制度的反对态度，多来自一种担心，即怕工资差距会迅速拉大。北欧国家的劳动力市场体制人为地把收入差距控制在较低水平，这是现在流行的观点。从某种程度上看，这种传统认识可能有一定的正确性，但即使工资协商方式的个人化程度继续加深，也不会出现工资差距大幅扩大的情况。原因有以下几点：第一，从长期看，集体规则是否能够保持一种与竞争工资结构截然不同的个人工资分配结构，这一点值得怀疑。第二，北欧国家教育机会平等，在小学不实行教育跟踪制度，并以此闻名。因此，相对较小的工资差距也反映了相对公平的生产能力分布状况。

关于瑞典的实证研究表明，工资协商个人化趋势对收入差距的影响非常微弱（见图 7-1、图 7-2）。1997~1998 年，大多数白领员工群体都转变到了个人工资决定的轨道中去。这种趋势在扩大的工资差距中体现出来，但这种扩大的幅度并不大。特别的一点是，如果工资结构起初呈现非常扁平的状态，

那么之后很可能出现工资差距水平大幅度增长的情况。这种差距增长是可被察觉的,但是是非常缓和的,尤其是在我们将之与发生在20世纪70年代的工资差距大幅增长相比的时候。

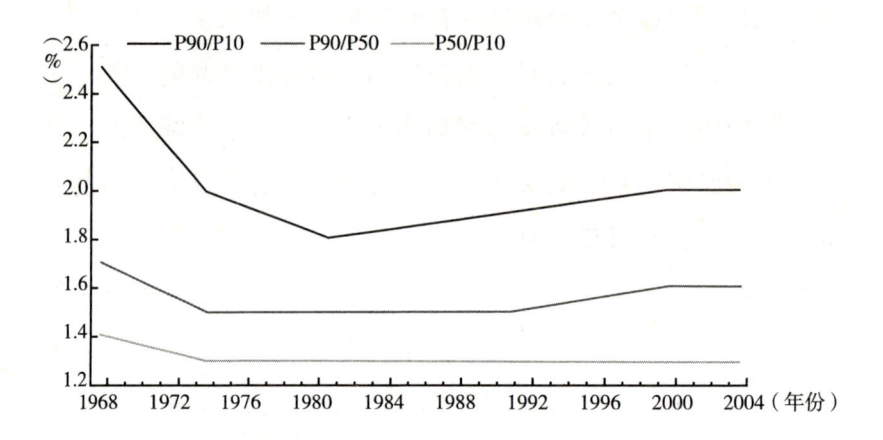

图7-1 瑞典工资差距的变化过程(1968~2004)

说明:所有工资收入者工资差距(P90/P10,P90/P50,P50/P10)数值。
资料来源:国家经济研究所,工资形成报告(2006)。

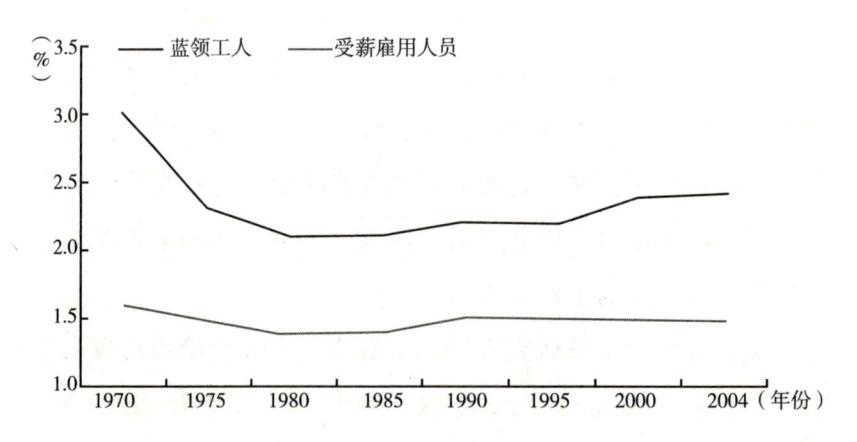

图7-2 瑞典工资差距的变化过程(1970~2004)

说明:蓝领工人与受薪雇用人员P90/P10指标工资差距。
资料来源:国家经济研究所,工资形成报告(2006)。

最后，正如上文中指出的，瑞典的经验也表明，个人工资协商方式越普遍，骨干员工在经济高增长时期得到的收入就越高。

第三节　工资形成与劳动生产率

● 工资分布与（公共部门）劳动生产率之间的联系？

分散化工资的形成对于经济发展的作用不应被夸大。这种工资形成方式不可能显著促进经济增长，或者解决福利国家面临的问题。但是，个人化工资形成仍能为优化资源配置、提高提供服务的效率做出贡献。特别是，个人化工资形成可以提高公共部门的劳动生产率，从而可在某种程度上缓解该领域的重要问题之一。

● 分散化的工资形成体制或与个人激励体制的进步和劳动生产率的快速提高有关

由于对公共部门劳动生产率的测量很少，没有太多的数据来验证这一假设。然而，在计量经济学方面，有数据可以支持这种观点，即劳动生产率对个人激励手段会有积极的反应，至少在商业部门是如此的。近来有些研究考察了瑞典工资个人化与劳动生产率提高之间的关系，以及20世纪90年代末期工资协商的个人化产生的事实。到目前为止，相关证据还比较少，但已表明工资协商个人化程度加深与劳动生产率水平提高有关系。如果这些发现也能在公共部门就业领域推广适用——这并非不合常理的臆测——那么就会为公共部门工资决定体制改革提供重要论据。

还应当指出，近年来，瑞典和芬兰商业部门的劳动生产率增长很快（参见第三章）。芬兰的劳动生产率主要是由信息技术领域带动的。自20世纪80年代起，芬兰在信息技术领域里的工资集体协定制度允许对个人工作表现进行评估，并以此作为决定工资水平的基础。

● 芬兰的工资灵活性不足吗？

芬兰的统一工资增长制度十分普及，该制度在其他北欧国家中也具有一定程度的普及性。这种情况下，我们期待测量经济学能指出其工资稳定性是过高的（尤其是芬兰）。通过工资灵活性的国际比较，我们发现芬兰——以及瑞典，尽管该国在工资协商体制自由化上走得更远——可能正在遭受过度的工资稳定带来的危害。

工资的灵活性与稳定性包含许多维度。宏观经济层面的实际工资灵活性是指失业现象与平均真实工资之间的互动。如果劳动力市场是灵活的，那么就能很快恢复充分就业，因为一旦失业增加，就会给实际工资水平或其变动率带来很大的下行压力。相对工资灵活性是指一经济体在必要时，对相对工资进行调节的能力。例如，当新产业兴起，旧产业消失时，相对工资上的变化，可能会有助于劳动力的再配置，并为个人更换工作提供适当的激励措施。公司的内部工资政策与激励计划，可能也要求不同群体与个人之间的相对工资有所变化。最后，名义工资灵活性是指一经济体在一些有必要的企业中或特殊情况下，削减名义工资的能力。

近年来，名义与实际工资灵活性是一些国际比较研究课题中的重点议题。总体来说，所有的国家都表现出一定的工资稳定性，名义与实际工资稳定性不应只是集体规定的产物。至于对工人工资变化的测量在多大程度上是准确的，也存在很多不确定性，因为大部分数据集都存在错误。然而，值得注意的是，一项重要研究显示，芬兰和瑞典两国实际工资稳定性最高，名义工资稳定性远在平均水平之上（尽管我们可能也会注意到，美国比瑞典和芬兰表现出更高的名义工资稳定性）。相比而言，丹麦的稳定性数据在整个比较数据集中处于最低水平。即使存在测量错误，芬兰和瑞典的集体协定对保护工人的真实工资也有独特的效用。

第四节　点评与结论

我们已经清楚，北欧国家的劳动力市场经验包含多种要素。与欧盟表现平平的劳动力市场相比，北欧国家的表现非常突出。此外，劳动力市场各方能够从经验中学习，并对自身行为进行改革。在丹麦，工资协定方式几乎已全部个人化了。瑞典的个人化工资协商制度也得到了大力推进。像再分配团结工资制度这种没有出路的政策，已遭到摒弃。政治体系对促进就业和劳动力供给的需求已做出了回应。我们在第六章曾指出，这些情况发生在丹麦与瑞典，在芬兰还比较少。

关于工资协商制度，我们认为在芬兰人们对于个人化工资协定怀有一种强烈而又没有必要的反对情绪。根据瑞典的经验，以及从基本的经济层面分析，都表明有很多方式可以将灵活的工资决定机制与（一定程度的）工资安全和宏观经济目标结合起来。我们认为，北欧国家的工资决定机制可以成为市场驱动型的，因为已有其他很多机制可对经济风险进行补偿。如我们所注意到的，丹麦与瑞典已经在工资协商个人化的方向上做了大幅度的推进。

● 福利国家——社会保障与再分配——减轻了人们对于市场力量的担忧

瑞典的转型，也被称为政治敏锐性与工资差距的对立，这是值得引起注意的。这个转型可能反映出一个事实，即一个完备的福利国家体系业已建立，这一体系可以帮助劳动者抵御最为严重的经济危机，从而降低劳动者面临的不确定性。在这种环境下，允许市场力量与企业的人事政策来影响个人工资，风险就相对较低。此外，由于选民希望实行再分配制度（北欧国家已经实施了再分配制度），现今福利国家都在运行大规模的再分配机制。因此，试图使用工资形成系统来实现再分配的目的，没有太多的道理。

● 福利国家和宏观经济的稳定性都影响着地方与个人工资谈判的可接受性

同时，与20世纪50年代工资集体协商制度建立时相比，现在的宏观经济框架要稳定很多。宏观经济环境稳定、通胀较低的时候，作为个体的劳动者要通过集体行为来保证体面的工资增长的需求就会降低。我们再将这种情况与20世纪70年代的做比较。那个时候通货膨胀率大约是10%——在那样的环境条件下，对劳动者来说明智的做法就是要求工会保证自己的工资增长，以冲抵无法预测的通货膨胀带来的损失。

总而言之，我们相信一个成功的政治改革方案应该建立在北欧模式的优势之上。正是因为有合理的宏观经济政策和社会保障体系，北欧国家的劳动力市场才能在没有严苛的就业保护立法的情况下取得成功，并可以较好地处理个人工资协商问题。出于相同的原因，成功的政治改革方案应该承认北欧模式的基本优势，而不要试图一次就对北欧模式的所有方面进行改革。人们怀疑改革者将要淡化北欧模式的所有特点：失业福利、养老金、公共服务和集体协商。这种怀疑很容易引发工会对改革的反对。

● 对于灵活性的需求，绝不是对北欧模式的攻击

我们认为，渐进式的改革更加合理。设计一种工资协商制度，以允许企业执行灵活的工资政策应成为一种可能，即使在芬兰，维持社会保障和税务制度，以缩小个人在经济上的不确定性，同时保持足够有效的工作激励机制，也应成为一种可能。像芬兰或瑞典这类国家，如果经济改革的目的是获取政治支持，那么就应该说服选民和工会，让他们相信改革的目标不是让北欧体制的整个大厦解体，而是要设计出一套方案，以减少额外损失。北欧国家劳动力市场模式和集体协商机制，都不是问题：真正的挑战更多的是政治性的。北欧劳动力市场的很多特征，都源于一个时代，在这个时代中，对于劳动者政治动员的目的在于产生一种劳动阶级的集体意志，来克服强大的对手，特别是资本所有者。如今，主要的挑战来自控制内部投机取巧行为的需要。这呼唤着另一种政治话语的出现，这种政治话语的颠覆性要小得多。

进一步的改革固然必要，但我们相信北欧社会应该利用自身模式的优势。我们拥有强大的工会——工会可以帮助我们协调关于工作时长的协定，并且赞成让工作时间足够长吗？我们

拥有累进税收制度，以及全面的社会保障和慷慨的失业保险——为什么不进一步解放就业保护立法，让工资协定体制更好地反映市场力量呢？我们赞赏努力工作的态度，将高就业率视为实现社会经济目标的前提——为什么不建立更为完善的工作福利制度呢？这些都是北欧的选民和政策制定者在未来应该和必须解决的问题，任何人都不能视而不见，或企图绕行。

注释

[1] 现在平衡失业理论认为，失业是工会工资诉求的函数：失业水平与预期的工资水平之间存在映射关系，而正是这条"工资诉求曲线"决定了"非加速通货膨胀失业率"，即与稳定通货膨胀相适应的失业率水平。

[2] 引自 Calmfors 和 Driffill（1998）。

[3] Holden（2005）提出了这种理论观点。

[4] Hartog 和 Teulings（1998）从这个角度对荷兰的工资协商制度做了深入分析，但是他们的分析同样适用于北欧国家的劳动力市场。

[5] Baldwin（2006）的论文对这种产业组织新范式进行了详细说明。

[6] 为了补偿，利益分享制度和表现支付制度在白领职工中越来越普遍。

[7] 2007年，芬兰金属和技术雇主协会和他们的部分伙伴签署了协议，该协议使大部分工资增长的问题可由企业层面协商解决。这项举动具有突破性。

[8] Edin，Holmlund 和 Skans（2007）在报告中介绍了瑞典的情况；Westergaard - Nielsen 和 Tor Eriksson（2007）介绍了丹麦的情况。Uusitalo 和 Vartiainen（2007）介绍了芬兰

类似的趋势，尽管芬兰总体工资差异相对较低。

[9] 参见 Uusitalo 和 Vartiainen（2007）。

[10]《2007 年工资报告》，瑞典国家经济研究所 2007 年 11 月发布。

[11] 但从总体上看，经济理论显示市场支付比生产能力表现出更高的变化性。关于这一点更早的说明，是由著名的罗伊模型提供的。参见 Sattinger（1993）。

[12] 在一项探索个人及其雇佣公司匹配信息的大规模数据集研究中，Per Lundborg（2005）展示了生产能力（单位工人平均增值）在那些职位间工资分布增长最快的公司中发展最为迅速。在另一项利用相似的匹配数据集的研究中，Fredrik Heyman（2005）揭示了高收入员工群体中的工资分布增长可以增加利润。

[13] 国际工资灵活性项目（参见 Dickens 等，2006）将"持续工作者"的个人工资的大规模数据集做了对比。所谓"持续工作者"，是指连续两年不换工作的就业者。这项研究的思路是通过分析特定国家和特定年份个人工资变动的统计分布形状，来寻找名义工资稳定性。如果工资变动的统计分布包含很多接近或高于零递增的观测值，这种现象可被视为名义稳定性的证明，因为大量的名义工作削减很可能会被某种稳定机制阻止。如果在通货膨胀率附近有大量的观测值聚集，那么这种现象就有真实稳定性的特征，因为一些真实工资削减很可能会被阻止。

[14] 即便没有集体规定，也有很多原因会造成工资稳定性。例如，大多数工资合同都是以名义形式写成的，很多工作者抵制工资削减，经理自然也很关注工资削减对于员工动机、气势与劳动生产率的影响。

[15] 参见 Dickens 等（2006）的表 3。调查对象国包括冰岛、丹麦、法国、比利时、英国、瑞士、奥地利、德国、意大利、荷兰、芬兰、挪威、希腊、瑞典、美国和葡萄牙。名单中各国的排序是根据增长的名义工资稳定性而定。挪威不在该研究范围内。研究囊括了不同国家不同时期的数

据，大多是1980~2000年。对于瑞典的研究时段是1995~2003年。因此，瑞典自20世纪90年代末开始的工资谈判改革在研究结果中没有被充分反映出来。

[16] 我们并不想描绘一片完全黯淡的景象。其他关于芬兰和瑞典工资灵活性的研究就展现出具有微妙差异的结果。Holden和Wulfsberg（2007）对比了特定国家在某一特定时期各部门平均工资的变化分布。他们的研究思路基于数量庞大的产业和国家中平均工资的动态变化，因此这项研究也提供了另一种统计意义上分析工资稳定性/灵活性的视角。例如，一条工资灵活性的重要渠道可能会通过招聘新人和工作变动而发挥作用，这是在对个体"持续工作者"进行分析时捕捉不到的。有意思的是，在该分析中，北欧国家并没有明显表现出特别的稳定。从芬兰的经验来看，国际工资灵活性项目与Holden和Wulfberg的分析结果之间的差异是有一定原因的。自20世纪90年代中期以来，芬兰经历了巨大的结构调整，劳动生产力迅速提高，企业与机构间的人员流动量巨大。因此，尽管在职者的工资削减并不频繁，产业平均工资成本却表现出相当好的灵活性。

第八章
公共部门的适当规模

• 提高税收、扩大税基——或者重新审视公共服务的规模与结构

我们预测,由人口结构变化而引发的财政失衡问题,将会十分突出。有三种手段可以应对这个即将来临的问题,一是提高税收,二是通过鼓励就业提高税基,三是重新审视由政府提供的服务的规模与结构。第三种手段是本章要讨论的主题。

表8-1列出的是2005年丹麦、芬兰、瑞典、欧盟15国和美国的功能性政府支出明细。北欧国家的公共领域支出均超出其国内生产总值的50%,高于欧盟平均水平,并远高于美国。其中主要的差别不是来自那些基本"值夜"的服务(国防、公共安全、消防、突发事件和政府执勤等),而是来自北欧国家有更庞大的福利国家规模。在教育方面的支出,北欧比欧盟要高一些,但是最大的差距在社会保护领域的开支上。进一步的分析表明,北欧转移支付,尤其是公共服务开支巨大。

表8-1　不同用途的政府支出（2005）

	欧盟15国	丹麦	芬兰	瑞典	美国
总计	47.2	53.1	50.5	56.4	34.2
"值夜"*	10.0	9.3	9.9	10.7	10.8
公共福利	30.8	37.4	34.1	38.1	20.7
－医疗	6.6	6.9	6.8	7.0	7.8
－教育	5.2	7.9	6.1	7.3	5.3
－社会保障	19.0	22.6	21.2	23.8	7.6
其他**	6.4	6.4	6.5	7.6	2.7

* 政府用于一般公共服务、国防、公共秩序与安全的开支。
** 政府用于经济事务、环境保护、住房与社区设施建设的开支。
说明：政府总开支占国内生产总值比例（2005）。
资料来源：欧盟统计局与经济分析局。

很明显，调整公共服务的规模，提高公共服务的效率，对避免未来的财政下滑有很重要的作用。

当然，公共部门一直在调整，以适应变化的具体环境。这种调整通常是对财政紧缩和宏观经济环境的回应。20世纪80~90年代，整个欧盟大规模地出售国有企业资产，这主要是由弥补财政赤字的需要引起的。另一方面，即便在财政盈余时期，私有化也一直在北欧国家继续发展，这表明经济效率已成为一个重要话题。

据估计，欧盟私营部门中政府资助的服务比例，在过去10年中增加了30%。对外包手段的依赖越来越多，混合型组织，例如公私合作伙伴关系组织（PPPs），也越来越多。这些尝试的灵感，来源于私营部门相似的发展趋势。

我们赞成这些发展变化的总体方向。现在是时候重新审视私营部门和公共部门的分界问题了。金融市场得到了极大的发展，它与技术进步一起，特别是在信息通信领域，引导了新一轮成功的商业模式，而公共部门应该努力去学习和利用这一模式。在公共部门里选择一些部分，将之向竞争开放，效率会有所提高。

- 福利服务应该由公共部门提供还是由私营部门提供？

关于公共部门与私营部门关系的看法，很容易形成对立的两派。一派是自由主义观点，认为在产权清晰界定的情况下，除了国家基础设施之外，一切都能够私有化，提高效率的使命应该交给市场来完成。另一派是极端公共利益派，认为服务公众的功能应该最大限度地由公共部门提供。

我们的目的是提供一种平衡的观点。这种平衡的观点，一是基于组织经济学的分析，二是基于世界范围内公共部门中的高比例私营部门服务运行良好的证据。

- 私营企业的目的是利益——公共部门则要实现不那么明确的目的

讨论这个问题的基本前提是，无论私营部门还是公共部门提供的服务，都必须具备各自的比较优势。两个部门都随时间而变化，这就是为什么二者的分界问题需要被经常讨论。私营部门的最大优势在于它一心追求利益——这是一个界定明确、简单可测的目标，这个目标对于为服务生产与创新提供激励手段非常有效。但是，在利益只是个很小的目标的环境里，利益最大化就会成为障碍。

公共部门的比较优势与私营部门正好相反。公共部门有能力考虑比利益最大化更广泛的一系列目标，但是其目标的性质

并不精确,一旦成为部门中各个机构的任务之后,如何管理公共部门就成为一个棘手问题。公共部门为了协调和引导它的力量实现比利益最大化模糊的目标,必须比私营部门采取更大规模的层级制度(私营部门也可能有层级制)。同时,政府出于公共合法性和信任的需要,也必须采用一些在私营部门里不需要的程序和规则。

过度的层级制和惰性常被视为公共部门之病,但是从组织经济学的角度看,这两种现象也有其合理性。层级制是对于组织性问题的理性反应。公共部门很难解决组织性问题,因为公共部门得不到来自竞争和消费者选择的反馈。

- 公共部门总是接手私营部门不擅长做的任务

私营部门和公共部门之间的表现差别,又因任务在二者间的分配方式而被加大了。私营部门做不了的事情,即那些难以测量的任务,一般都交给公共部门来做。这种不公平的选择,只会让公共部门的办事效率低于私营部门。

以上论述不应成为公共部门效率低下的借口。我们的目的是让人们警惕一种观点,即通过更强的表现激励手段、更弱的层级制,可以从内部让公共部门提高效率。适应微弱的表现激励手段的能力,常常是处理公共部门应对任务的本质条件。

- 公共部门运行成本昂贵,但其时常是一种不可或缺的组织形式

所以结论是,公共部门是一种成本昂贵的组织形式,应该用于其特殊功能——为更广泛的社会目标服务的能力——可以充分发挥作用的地方。因此,实现公共服务高生产率的最佳途径,是采用私营部门外包的方式。公私合作伙伴关系组织

第八章　公共部门的适当规模

（PPPs）及其他混合型组织，既可以获取通过竞争得到的利润，也可以兼顾公共服务更加广泛的使命。这种更广泛的使命是公共服务的第一要义。

找到一种合适的混合模式并非易事，需要耐心地反复摸索。第六章我们讨论过的丹麦弹性保障模式，就印证了这一点。弹性保障模式花费了很长时间，才找到了能让自己有效降低失业率的缺失一环的方法。让政府进行试验的做法也很有挑战性，因为政府没有竞争压力来进行创新。在公共部门行为中，错误会得到惩罚，但成就不会引起注意。另外，公共部门内部有很强的反对改革的阻力，为突破这些障碍，需要高层做出政治行为，提出政府方案。

第一节　竞争的价值

● 自由竞争可以确保在正确的条件下，双方进行双赢的交易

我们将首先评估竞争市场的道德，以营造有利于利益最大化和向期望的社会结果转化的环境，这是很有意义的。只有在竞争失灵的情况下，才需要考虑公共部门提供的服务。

让我们以提供咖啡这种服务为例。假设有几家咖啡店相互为邻，全都提供一样的咖啡。消费者知道，因为咖啡都是一样的，所以除非这些咖啡店串通一气，那么所有咖啡店的咖啡价格都会一样。这种结果在何种意义上让社会福利最大化了？准确的答案是：当供给与需求相等时，价格水平会让买卖双方只开展对双方都有利的交易。原因很简单。决定要买咖啡的人一

定对咖啡的估价高于现行价格，决定不买咖啡的人一定对咖啡的估价低于现行价格。因此，当供给等于需求时，对于咖啡和资金来说，再没有别的分配方案能使消费者和咖啡店同时受益了（经济学家把这叫作"帕累托最优状态"）。

● 顾客可以选择"退场"，从而促进竞争

竞争的神奇之处，就在于追求利益最大化的店主会关心顾客的福利，因为顾客可以走出店门——或者用 Alert 的话来说，"退场"——如果他们不满意咖啡店给出的价格。存在竞争的自愿交易，会提供关于顾客偏好的足够信息，以有效配置服务。

竞争性平衡的效率所涉及的问题十分广泛。商店可以对服务能力进行投资，或是当顾客有不同的偏好时，选择提供何种服务。当商店追求利益最大化时，他们也以最优化的方式权衡了顾客的利益与成本。店主们也会努力以最优的方式组织他们的咖啡店：雇用员工的人数、员工培训、工作时长、工资水平，以及福利水平等。不严格地说，只要所有直接利益相关者，包括顾客、工人和供应商，有可以选择的竞争手段，那么最终市场结果就会以"帕累托最优"的方式实现社会福利的最大化。店主的时间和投资会得到由市场决定的回报，但不会更多。利益相关者也会根据他们的最优选择，得到最佳的回报。

竞争和帕累托最优理论不能决定收入或者使用性的分配模式。它们所能决定的是每个人都能得到市场对各自贡献的相应回报。分配问题需要通过税收、社会福利和其他国家政策来解决。当然，也可以通过家庭和社区内部的非正式安排来解决。

分配方面的考虑涉及很多公共服务，例如教育与公共医疗。北欧国家公共部门庞大的一个重要原因，如我们前面提到的，与人们对于集体风险分担的需求有关。然而这里我们要讨论的问题是，一些服务是否能通过私营部门以更低的价格来提供，即便公共部门全部或者部分地资助这些服务。这一点引导我们去思考享有公共生产服务的原因，而不仅仅是公共资助的服务。

第二节 外部影响与私营组织

在评价咖啡服务效率时，我们只考虑了为店主与顾客创造出的价值。只要咖啡生意没有损害或有益于他人的利益，这样做就没有问题。如果咖啡店夜间扰邻，或者白天给附近带来了更多的顾客，那么利益最大化就不会将所有的社会福利和成本考虑在内。这时会产生外部影响，或者叫外部因素。

● 政府与企业都有应对外部经济影响的作用——但是二者的应对方式非常不同

在经济学教科书中，外部经济效果常与某种政府干预形影不离。这些干预可包括例如在解决拥堵问题中的矫正税，或是新的产权，比如可以进行交易的"污染权"。这些干预手段迫使企业去承担由它们自己造成的外部成本与利润。其他外部经济效果还可以将公共部门提供的服务合理化，这一点我们稍后讨论。但有一点值得注意，那就是企业可以将很多外部经济效果靠自己的能力"内化"，而无须政府干预。事实上，企业的生存，以及企业对其商业活动路线的决定，很大程度上是由其

活动的内部协调价值驱动的，而由于外部经济影响的存在，分散化的市场贸易很难协调这些活动。企业极大地扩展了市场效率的范围，因为企业能做市场无法做的事情。因此，公共部门与私营企业之间如何进行劳动分工，就得看在哪些外部经济影响方面，企业能比政府处理得更好。

为了能具体说明企业是如何将外部经济因素内化的，我们举一个大型购物中心的例子。一家大型购物中心一般由一家独立企业拥有和运营。这家企业的目标，就是招徕一大群商铺进驻购物中心，让购物中心对顾客和店主都具有吸引力。这家企业会仔细考虑每家商店能对购物中心整体价值所做的贡献。房租不仅仅会体现在店面大小和位置上，还会考虑一家店铺吸引顾客的能力，这种能力对所有人都有利。购物中心拥有企业还会在租赁合同上费一番心思，会在合同中详细说明经营规则和限制（比如营业时间）条款。这些条款的制定，是为了将总利润最大化，让每个在购物中心开店的人都受益。如果这些商店不是以这种方式进行协调的，而是像咖啡店的例子那样一个接一个地在街上开张，那么在这一邻里区域产生的积极的和消极的外部经济影响就不会被计算在内，从而导致效率低下。大型购物商场的流行和普及，说明把邻里区域的外部经济影响内化，可以获得丰厚的利润。

● 退场这种选择是竞争性的私营服务和非竞争性的公共服务的重要区别

企业可以被形象地比喻为大型购物中心，它在一个组织中汇集了各种各样的活动。在遵循公共法律和规定的前提下，企业可以自由制定行为准则、设计员工激励机制、规定岗位职责、配置权力、选择业务种类和制定企业战略。企业绝对不是民主的——他们也不需要民主。只要利益相关者有退场的选择，追求利益最大化的企业就会考虑相关者的利益。"退场"，是竞争的本质，也是私人提供服务和公共提供服务的重要区别。

第三节　政府提供服务的必要性——使命与利益最大化

那么，为什么我们还需要政府服务？因为政府可以做一件追求利益最大化的企业无法做的事情——不追求利益最大化，而考虑更加广阔的社会利益。企业是不会把不能盈利的外部经济影响进行内化的。在这种情况下，让政府来处理外部经济影响，无论对私营企业还是对社会来说，都会更有效率。为了说明这一点，下面我们来观察一些经常使用公共部门提供服务的情况。

公共产品。国防是一种典型的公共产品。公民希望国防事业强大，但是当单独要求他们为国防事业做贡献时，大家几乎都没有动力。问题就在于，花在保护一个公民身上的每一欧元，都是保护所有人的。国防的私人资助会碰到一个很大的搭便车的问题——这是一个大规模的外部经济影响。

- 由于存在搭便车的问题，所有公共产品才需要由政府来提供

一个国家的其他基础服务也存在同样的现象。国家的司

法体系、政治部门的行政行为、税收、公共安全、消防等，这些公共产品最好是由政府来掌管，但不一定是中央政府。当外部经济影响没有超越一个特定的辖区时，可以由地方政府来处理。城市的区划权力最好交给市政府，一是因为市政府了解本地情况，二是选举的原因，市政府有为其公民服务的动力。

值得注意的是，区划问题与大型购物中心有很多相同的特征：二者都有积极的或消极的外部经济影响，有需要满足的各种各样的客户。既然如此，为什么不让一家私人企业来处理区划问题呢？因为这里面缺少了一项关键因素：公民没有"退场"的权力。业主会被一个私人区域办公室所吸引，这样处于垄断地位的办公室会攫取很多他们的利润。正是因为这个原因，房地产才成为一个容易产生腐败的领域。

● 逆选择问题解释了为什么竞争性市场无法提供全面健康保险

信息不对称会产生合同的外部经济影响，这常常给竞争性市场带来问题。一个很能说明问题的例子是健康保险市场，这个市场受到逆选择问题的影响。健康保险购买者比保险公司更了解自己的健康风险，他们会根据自己的个人情况购买保险。这时，逆选择就产生了。保险公司也想知道购买者的健康风险，但是他们只能从个体购买行为中来（不完全地）推断这种风险的大小。那些打算购买全险的人，会被认为是健康水平相对较低的，于是就使得全险的价格高于强制保险情况下的价格。全险价格的提高，甚至导致连健康状况更差的人都无法购买，直到所有人（除重病人群外）因价格过高而不打算购买全险的时候,这一过程才会终止。如果是这样,那么竞争性的市场是不能提供充分保险的。正因如此,人们广泛认为强制性的健康保险是需要的。甚至连美国也即将要推行全面健康保险,尽管其公共部门在整个国家体系中发挥的作用相对较小。

● 消费者要做出知情决策会遇到很多障碍,有时通过公共部门获取信息会更有效

公众监督。市场的效率取决于一个前提,就是消费者能够做出知情决策。在一些情况下,通过一个机构获取信息,比通过个人更加便宜。产品安全问题是个恰当的例子。企业或许可以利用一家私营机构为自己的产品担保,但是考虑到企业对于利润的偏好,人们可能不会相信企业选择的机构。政府的信誉度往往超过私营机构的信誉度。药品、玩具和交通工具的安全问题能说明这一点。当消费者对政府所保证的最低标准放心时,他们的监督成本就会降低很多。

当不能做出决定的人们接受服务时,更复杂的问题就出现了。一个典型的例子是疗养院。家庭成员和朋友可以充当受托人,但是他们并不总能替代真正的消费者:那些需要疗养院的人们。由政府提供或补贴疗养院是一种可行的解决方案。

● 高幅度的表现激励机制如果只强调有形成果,而不关注真正有价值的产出,那么可能会适得其反

低劣的质量。疗养院、健康护理和小学教育等服务,让我们看到了公共服务的另外一个潜在优势。追求利益最大化的企业往往过分关注降低成本,而不惜以牺牲服务质量和其他难以测量的消费者利益为代价。例如,小学教育的内容不仅仅是阅读和写作,学校也应该向学生传授社交技能,以高幅度的表现

激励机制来鼓励教师，如果只强调有形成果而不注意教学内容的整体价值，那么可能会适得其反。低幅度的表现激励机制能增加教师的自我激励能力和责任感。

当然，对于声誉的考虑，或许能减少质量下降的情况，并弥补狭隘激励与广阔目标之间的差距。当消费者的反馈速度较慢，或根本没有反馈时，问题就产生了。很明显，这也是自"9·11"事件之后，美国所有机场安全工作开始由美国政府机构负责的重要原因。像政府部门这样，对节约成本的激励手段和对消费者（乘客）的回应要求较低，那么对于安全本身的关注度就会提高，尤其是由程序化的管理作为补充的时候。

- 从潜在意义上说，公共部门的服务提供要优于私营部门的服务提供——但也有其自身挑战

以上所有实例的共同特征，就是利益最大化与社会价值最大化不一致，因为利益最大化并不考虑所有的外部经济因素。在这种情况下，从潜在意义上说，公共部门的服务提供比私营部门的服务提供更好。但是不能保证公共部门一定会做得更好，因为它也面对着自身的一系列挑战。下面我们将讨论这一点。

第四节　层级制的成本

关于层级制，几乎没有什么溢美之词。层级制这个词含有负面意义，让人们头脑中浮现出政府部门行动迟缓、懒于回应、手续繁杂、缺乏动力的形象。

公共部门之所以有层级制的毛病，有两个原因。

- 政府有着特别的权利——公民几乎没有"退场"的选择

第一个原因，与一个很多伟大的政治学者都阐述过的问题有关：一个能够保护其公民权利的足够强大的政府，也有足够的能力剥夺这些权利。因为政府有特别的权利，所以也要特别小心，不滥用这些权利。公信力对政府来说是无价之宝。缺少了规定与制约，政府官员会对政府公信力造成难以估量的损害。一家企业虽然关注自己的声誉，但也会遇到同样的问题。企业规模越大，这个问题越突出。这也是大企业会越来越层级化的原因之一。但是，政府和企业之间存在一个很明显的不同之处：对政府而言，公民几乎没有退场的选择，而企业的权力受制于自愿交易。其结果是，企业可以更加自由地进行主观判断，以自由裁量的方式行使其权力。与企业相比，政府的自由度要小得多，出于对其合法性的考虑，它则必须束缚住其相关部门和机构的手脚。

- 交给公共部门来执行的任务，是为复杂的社会目标服务的

上面讨论的第一个原因，由于第二个原因的出现而更为严重了。第二个原因是：公共部门经常会得到分配来的任务，而这些任务对于竞争性市场来说是难以应付的。当利益最大化与社会福利最大化不相符时，就通常意味着能反映一项服务全部社会价值的表现测量手段处于缺失状态。当政府接手这种服务时，就必须应对一系列更加模糊的目标和更加微小的责任。政府部门难以管理，因为这些部门是由任务引导的，这些任务完成的好坏是难以衡量的。

对于有效的表现衡量手段缺失的问题，有两种应对方案。

一种是利用弱激励手段，依靠上文中提到的雇员的本能动力。但是，仅仅依靠人的本能动力是不够的，因为个人的动力不一定在每个维度上都与公共利益一致。一个充满激情的老师，常常对节约成本没有激情。另一种应对方案是利用层级制程序来指导行动。公共机构所采用的分项预算即是这种方案的体现。一个机构不能在诸如办公用品、有用的教学用具上进行额外开销，看起来是很奇怪的。分项预算显得非常浪费，因为这样做就是放弃了改善服务的机会。但是在一个很难判断各种活动需要多少经费的环境里，让经费缺少互换性，并采用增量预算（而不是零基预算）程序是在一段时间内获取这种信息的不完美方式。

  作为接受公共服务的消费者，通常没有其他选择的余地，要么是因为没有可以选择的私营部门服务（在芬兰，基础教育就是这种情况），要么是因为私营部门服务过于昂贵（例如私营健康护理）。如果对于服务不满意，唯一能做的就是投诉。但是投诉得到的往往是不冷不热的回应。这种情况也有合理的原因。投诉与"退场"不同，"退场"时人们必须进行放弃，而投诉成本低，容易滥用，特别是服务为免费的时候。烦琐的行政程序制约着投诉的过度使用。这些程序一方面减少了非法申诉，但不幸的是，另一方面也减少了合法申诉。结果是，公共机构越来越难以回应消费者的需要，也越来越难以应对新的问题与机遇。

  ● 公共部门在一种与私营部门非常不同的激励机制和要求条件下运行，这一事实需在对效率提高程度进行评估时给予考虑

  我们花了不少时间来论述公共层级制的问题，因为要理

解为什么公共部门在一种与私营部门非常不同的激励机制下运行,这个问题是非常关键的。关于公共部门的任何改革,包括对于私营部门服务的不断增加的依赖,都必须将公共部门公信力的特殊性质考虑在内。有些人认为,通过增强员工激励力度、给予更大的权力和减少烦琐程序,就能使公共部门的内部工作效率提高。这些人恐怕要对结果失望了。我们当然可以采用更好的手段,但是公共机构的层级制是被其任务驱动的,而且公共机构非常关注其合法性,这些是在私营机构中没有的。这个事实表明,公共机构需要一种不同的运行方式,其收效也更加有限。

为了印证这一点,我们可以想想信息技术的应用。如第三章所述,在过去的 15 年里,信息技术是私营部门劳动生产力大幅提高的主要推动因素,尤其是在美国和北欧国家,甚至是在劳动生产力增长一直都缓慢的服务领域,都经历了显著的再次增长。新兴的商业模式创造出了像沃尔玛这样的高效连锁企业,该企业现今在全世界有将近 200 万员工。如果没有信息技术,在这样规模的企业里对后勤和劳动力进行管控,是不可想象的。

私营部门的劳动生产力有如此的提高,公共部门在未来应该也能得到相似的收获。然而,仅对信息技术进行投资是远远不够的。信息技术只是一种技术引擎。要提高劳动生产力,企业也必须在人力资本和变化的工作方式上进行补充投资,这个投资需是信息技术投资的 3~5 倍。对于公共部门的未来,尤为麻烦的是重要工作方式上的变化,这些变化包括更大的工作自治权、更强的金融激励手段(目标常为工人团队)。考虑到

公共部门公信力问题及为了应对公信力问题而建立的复杂机构体制，改变整个体系会很困难。但是，如果不进行补充投资，根据私营部门的证据表明，来自信息技术投资的回报常常很少，甚至出现亏损。

第五节　公共服务的未来——私营部门"杠杆化"

●增加对于私营服务的依赖，同时掌控公共部门的核心活动

由于公共机构层级制所带来的负担难以避免，所以提高公共部门劳动生产力的最佳途径，就是在不影响政府宏观社会目标的基础上，寻求私营部门的"杠杆化"。这意味着在提高对私营服务的依赖程度的同时，政府也要继续掌管"核心活动"。这种战略与私营部门中的外包类似，并可以从中有所借鉴。但永远要注意，不能只模仿私人商业模式，而不考虑其逻辑与公共环境的适应性。很显然，公共部门的核心活动与私营部门的核心活动是非常不同的。

在公共部门资助的服务中，很大一部分已经由私营部门来提供了。私营部门还可以扮演更重要的角色。很多经济合作与发展组织的国家，包括北欧国家在内，它们的政府资助服务有一部分已经在很大程度上依赖于私营部门了。图8-1所示为各国政府从外部经销商那里购买的产品与服务占总支出的比重，不包括转移支付和利息支付。这个样本中不同国家间存在很大差异。有着大规模政府部门的北欧国家，在样本中处于或

高于平均水平。遗憾的是，该表没有包括地方政府的支出情况。可以看出，私营部门服务的作用不断增强，尤其是在预算压力最大的地方政府层面。

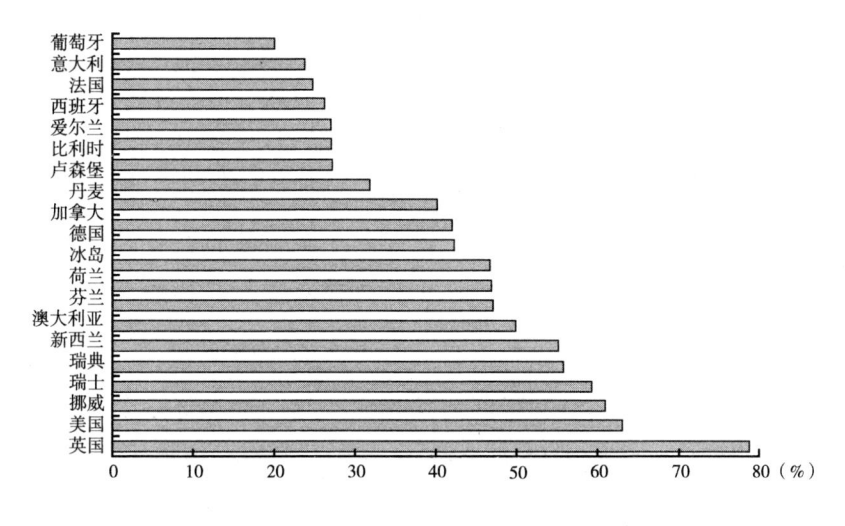

图 8-1　政府服务外包情况（2001）

说明：政府采购产品和服务与内部提供对比。
资料来源：经济合作与发展组织秘书处根据政府资助服务数据计算而得。

● 竞争中有很多潜在的益处，但是这些益处需要政府通过掌握控制权而加以限制，以使政府可以实现其宏观目标

让私营部门加入服务领域，目的在于引入竞争。人们希望从竞争中得到的包括更好的资源配置、更低的服务成本、更高的服务质量、更有创新性的新型商业模式——简而言之，就是我们讨论过的关于竞争的一切优点。然而，维持其合法性，在私营部门和政府的关系中，很多公共部门程序规则会继续沿用。例如，一家企业，无论自身选择何种标准，即便是非常主观的标准，都可以在此标准基础上自由选择企业所需的私营服

务供应商。但是政府在选择服务供应商时，就必须依赖于透明、客观、公平的标准。人人都有享受服务的权利，这一条也常常是带有强制性的。这意味着，即便是政府雇用了私营提供商，其服务成本依然高于私营部门。

政府利用私营部门，主要有四种方式：①外包；②公私合作；③有限制的私有化；④担保。这几种方式在内容上有重合之处。例如，公私合作实际是外包的一种变体，也可粗略地算作外包。上面四种方式的排序，大致反映了政府在各种活动中不断下降的控制力。在外包中，政府拥有最强的控制，而私有化和担保这两种方式让私营企业有更大的自由度。

这里我们不谈论有限制的私有化问题。这本身是个很大的题目，会涉及其他不同的问题，因为这个问题常常与垄断有关。我们主要讨论其他三种私营部门的参与方式，这些方式的理念都是利用竞争手段。

1. 外包

在外包过程中，政府通过竞标的方式选拔一家或多家服务供应商。当合同到期后，再次进行竞标。因为政府对服务有特殊要求，所以竞标非常重要。出于同样的原因，竞标价格的作用几乎是专门为了选拔中标者——注重服务质量以及其他在具体合同条款规定下必须满足的要求。关于供应商表现的主管信息不能过多使用，因为这些信息会降低供应商对信誉进行投资的热情，从而增加了对于明显要求的需要。合同条款不仅经常指明应该提供什么，还会指明应该如何提供。即使服务被外包，政府的管理之手也几乎无处不在。

第八章 公共部门的适当规模

- 政府服务的外包非常重要，增长迅速

外包一直是政府在私营产品和服务支出中增长最快的项目。关于中央政府外包规模的粗略估算结果，可以通过图8-1中的数值减去10%~15%得到。外包显然是规模最大的私营支出项目。

- 服务外包的可能性及其潜在益处，需要具体的一事一议

对于客观性的要求，限制了政府能够高效外包的服务内容。然后，所有种类的外包服务迄今为止都已经试用过了。我们有必要区分两类外包：一是维护和管理服务，这类服务没有消费者的直接参与，涵盖的内容从清洁、安全，到信息技术管理和其他办公支持服务等；二是消费者服务，包括垃圾收集、健康护理、老年人看护等复杂服务。除了受影响的工作人员抗议，维护和管理服务几乎不会引起任何争议，因为这些服务都是政府非核心活动。消费者服务的外包就面临着比较棘手的取舍和权衡的问题，因为在消费者服务上，私营利益和公共利益会发生冲突。

- 外包具有挑战性，但它同时让效率的显著提高成为可能

现在广泛的证据表明，服务外包带动了显著的平均效率的提高。该领域的各项研究，对效率增加的估算差异很大，这是由不同的研究范围和研究角度决定的。最清晰和最重要的证据是关于成本节约的。一项关于美国2000多个外包项目的研究显示，平均成本节约幅度为30%。英国和澳大利亚的研究表明，成本节约幅度在15%~20%。瑞典公路部门表示，由于采取了竞争性招标，政府采购成本下降了25%；芬兰赫尔辛基市的公共交通系统外包，节约了约30%的成本。这些估算

很可能高估了节约的成本,因为这些研究把与外包有关的转移和交易成本都算在内了。另外,有一些政府服务虽然还保持内部供应形式,但已间接地感受到了来自私营部门的竞争压力。这些政府服务的效率提高了,但是几乎没有一项研究考虑到这一点。如果不考虑被忽略的利润和成本间的平衡,外包带来的总体成本节约显然是很大的。

- 质量是人们担心的一个因素,但总体上看,质量不会受到外包的影响

质量的下滑,是人们对于私营服务的潜在担忧。但一直以来,这个问题没有人们预期的那样严重。一般的经验是,在服务外包下,服务质量保持不变,或有提升。然而,也存在比较大的问题。在美国,疗养院的不达标服务事件已登上了新闻头条。最近,《纽约时报》发起了一项大型调查,结果表明当私营业主把小型疗养院整合为连锁机构时,他们会以牺牲服务质量为代价追求利润。在几乎所有的服务指标上,连锁机构的表现都低于国家平均水平,有些做法甚至严重违反了法律。

健康护理服务质量下降的可能性似乎较低。在一项关于英国急诊医院的大型研究中,较强的表现激励手段带来了病人候诊时间的巨大改善,而且没有给诊治带来任何明显的负面影响。在芬兰,地方政府已经以很快的速度将救护医师服务外包给了私营公司。私营公司通过对包括众多地方政府的大范围地区提供服务,充分利用了规模经济优势。到目前为止,芬兰最大的私营服务供应商 MedOne 的服务成本与质量都得到了改善。

第八章 公共部门的适当规模

我们可以从今天的外包经验中学到些什么呢？

● 竞争是关键，服务具体细节是核心，外包应有明确的目标和表现测量标准

对我们最大的启示，第一点启示就是竞争是改善服务表现的关键。无论是私营企业还是公共部门中标，都不会影响到这一点。这是一项关于垃圾收集外包的研究成果。在这项研究中，私营部门和公共部门都得到了外包合同。如果一家供应商的客户没有选择的余地，那么这家供应商的效率就不会高。而一家面临着竞争的供应商，一定会被迫压低价格，并且大多会提高服务质量。

在评估关于质量的证据时，我们应该明白，对于进行外包服务的选择不是随机的。这些选择是基于对净利润的考虑而做出的。最初阶段，被外包的服务包括政府的非核心服务和相对普通的核心服务。随着外包过程逐渐加快步伐，深入到诸如公共安全、急诊服务、教育，甚至是监狱和军事战斗等核心活动领域时，外包的经验就变得越来越多样。

第二点启示在我们简短的评述中没有涉及，但是在很多具体案例中非常明显。这就是对于每一个外包案例，都需要对细节给予极大的关注。例如，服务合同的长度，包含着需要一事一评估的权衡。私营部门和公共部门激励制度设计的经验，证实了设计细节的重要性。我们不可能预料所有未来的偶发事件，也无法预见富有创造性、受利益驱动的合同方利用合同中疏漏和错误的多种方式。此外，在政府部门微弱的金融激励和私营企业强大的金融激励之间，存在着根本性的不平衡。这种不平衡常常值得考虑。

· 159 ·

第三点启示就是外包需要明确界定的目标和仔细选择的表现测评方式。对于较好的检查系统的投资，尤其是由独立方来操作的检查系统，可以得到很高的回报。可以理解，一些政府部门中的会计实践，可以经转化成为外包的具体要求，以及其他种类的私营部门活动服务。有了更好的行为测评方式，人们对服务提供方式的依赖会少一些，而对服务结果的依赖会多一些。这会使服务供应商的自治性和主动性得到提高。

2. 公私合作伙伴关系

● 公私合作伙伴关系就是私营部门外包的一种特定变体，在基础设施领域大量使用

公私合作伙伴关系是一种较新的形式。在 1992 年英国首相约翰·梅杰实施财政计划后，公私合作伙伴关系正式诞生。这个名称似乎表示政府与私营机构合作组织的多种多样的服务，但实际上它是指外包的一种特定变体。公私合作伙伴关系是一种治理结构，在这个结构中，一组私人投资者建立一家公司，用以资助、规划、建造、维护和运营一项基础设施，诸如医院、学校、机场、高速公路或铁路。这家公司并不直接与医院里的病人打交道，或是给学校中的学生上课。公司的唯一目的是管理这项基础设施。这种方式的目标是，通过将一项大规模基础设施的所有阶段都交予同一机构负责，能创造出更好的激励措施，以协调项目不同的阶段，并在每一阶段的实施中都能考虑短期影响和长期影响。与此同时，项目的资助责任交给了私人投资者，这样做的考虑是风险可以被最有能力监督和管理这些风险的参与方分担。

公私合作伙伴关系在新闻界没有得到应有的关注。这种形

第八章 公共部门的适当规模

式仍然没有得到广泛使用。甚至连英国这样有大量经验的国家，公私合作伙伴关系只占到政府对外部服务支出的10%。公私合作伙伴关系的产生目的，不是为了用于那些招标的小型的或者正在进行的服务项目，它是专门为了大型项目而设计的，这些大型项目通常期限很长——一般是20年——并且到项目期限结束时，其固定资产预期能够返还给政府。因为这些项目是一次性的，所以对表现条款和终止规则需要更多地加以考量。

● 公私合作伙伴关系不是万能药——合同方面的挑战是巨大的，也有很多失败的案例

有一些项目发展状况很糟，引起了公众哗然。英国的铁路基础设置资产的私有化就是一个最为显著的失败案例。1994年，英国铁路路网公司控制着英国全部公有铁路基础设施资产。2002年，在经历了与政府和公众的一段紧张关系之后，英国铁路路网公司被迫停业清算债务。一系列的事故，其中有些还是致命的，是对基础设施维护投资不足造成的，但与此同时，对于股东的股息支付却十分丰厚。这是一个典型的服务质量下降的案例。

有意思的是，那些铁路基础设施资产后来卖给了一家名为"铁路基础设施网络"的公司。这是一家"不追求股利"的公司，与互助公司类似。这家公司是专门为股东的利益而运营的，包括政府、地区铁路运营商，以及公司所服务的社区。虽然结构复杂，但是这家新的机构在公众中享有更高的信誉，并表现出更高的运营水平。

也有很多执行成功的公私合作伙伴关系。在丹麦，索尔罗

德社区利用公私合作伙伴结构建立了一批新学校（学校由公共资金支持，应该是考虑到收益的不确定性）。挪威政府在大型高速公路项目中使用了公私合作伙伴关系，将通行费和政府的租赁支付作为一项稳定的收入来源。我们再一次看到，公私合作伙伴关系项目的成功取决于通过精心规划来保证公共参与方与具有仲裁方案的私营参与方之间的良好合作，以避免问题失去控制。成败与否，与一个前提有着至关重要的关系，那就是期望是否切合实际，是否能提前预见到潜在的问题。这一点或许可以解释为什么公私合作伙伴关系的应用范围没有进一步扩大。

3. 代金券

- 代金券用社会目标调和选择与竞争

代金券由中央政府或地方政府发放给消费者，使消费者能够购买政府想要补贴的服务。代金券是指这种类型的补贴，即包含各种直接或间接的以消费者为渠道的补贴。代金券的发放总是为着一个具体的目的。代金券不可交易，而且可能是根据个人经济状况而发放的，或者只负担服务的部分费用。

代金券的目的是赋予消费者在众多服务选项中进行选择的空间，换言之，即给消费者"松绑"，让他们有"退场"的权力。代金券结合了对于公平的关注、配置及生产效率，而只有让消费者表达他们的偏好，并让服务供应商为各自的服务相互竞争时，才能产生配置及生产效率。但对于某些服务来说，让消费者自行选择并非明智之举，因为消费者很难判断哪一家服务供应商是最好的。例如，在垃圾回收或者地方交通等领域，由一家服务供应商来提供服务或许更有效率。在这种情况下，由政府通过服务招标来确保竞争是明智之举。

代金券在经济合作与发展组织国家中广泛使用，用以补贴消费者驱动的服务，诸如健康护理、儿童看护、老年人照料和教育。在北欧国家，代金券发挥的作用较小，因为有很多的服务都是政府提供的。健康护理领域可能是代金券使用量最大的领域，虽然在这个名称之下，人们已认不出这些补贴了。北欧国家的健康护理体系是公共与私营供给的复杂混合体，其中的医务人员常常为公共与私营两个部门工作。在芬兰，基础健康服务基本上是免费的，但是私营服务也得到了很大力度的补贴。私营健康保险公司也通过有差别的补贴进行筛选，在美国就有这种情况。代金券是一种有效规范服务消费行为的手段，也是一种将人们引导至更合适、更便宜的服务中去的办法。那些希望得到更多或更好的健康服务的人必须通过更高的共付医疗费来实现。

● 有足够的空间来容纳更多的私营供给和看护领域里更多的代金券

代金券在老年人照料领域也有使用，但不是主要的方式。芬兰的私营疗养院的比例在经济合作与发展组织国家中是最低的。其他北欧国家在此方面也排名靠后。由一个照顾自己成员或私人参与者的家庭引起的费用，是允许使用代金券的。两种都是很好的方式，因为两种方式给了消费者选择的空间。

我们没有儿童看护方面的统计数据，但是事实显示，同样的模式也普遍存在。私营儿童看护服务可供使用，但自从20世纪70年代起，公共部门（主要是通过地方政府）逐渐确立了主导地位。如果人们关心质量，或者如果父母没有能力选择适当的看护服务,这种公共部门占主导地位的格局可能是有效的。因为几乎没有证据能证明这是事实,所以在儿童看护、老年人照料这些领域里,还有供私营部门充分参与和发展的空间。

经济学家钟爱代金券,因为无论在决定个人服务消费层次上,还是在不同供应商服务的分配上,代金券都体现出高效的特点。根据同样的理由,他们也钟爱公共服务收取的服务费。一项免费的服务会遭受过度消费,或因配给和排队等候而得不到足够的收入。然而,对公众来说,私营服务的共同支付比公共服务的服务费更能够让人接受。也许有这样一种预设,即私营服务需要让消费者花更多的钱,但公共服务应该是免费的,因为人们已经通过缴税支付了公共服务的费用。一种更为激进的解释是,较低的服务费以私营服务为代价,助长了更多公共服务的使用。温和的解释是,某些服务应该免费向所有人提供,因为这样做才是公平的——提供服务是集体保障体系的一部分。如果人们注意留心哪些服务值得接受如此高程度的补贴,那么这个观点是有道理的。但是免费提供高等教育似乎是一个成本高昂的甚至是不公平的补贴。因为在高等教育服务中,人们明显存在着非常不同的偏好。此外,公共利益的论断对初级教育的作用要比对高等教育的大得多。

我们的意图并不是要强烈反对特定服务的收费。我们的观点仅仅是,在一个国内生产总值的一半都用在了公共部门的经济体中,公共服务不收费或低收费,是不可能成为最优的做法的,或者很难在平等的基础上站住脚。我们不应该回避这个问题，或者在关于政府适当规模的政治辩论中机械地对待这个问题。北欧国家几乎必将重组其社会安全网络的各个部分，为由人口结构变化引起的可预见的开支增长提供空间。在这个准备过程中，现在就开始审视公共服务的服务费结构是正确之举。

第六节 结论

在本章，我们为思考政府的适当规模提供了一个经济学框架。这个框架有助于评价公共部门参与哪些服务、公共部门应如何调整以应对变化环境中一些主要的权衡考虑。本章给出的具体建议较少，部分原因是决策较为复杂，需要更多的具体分析；部分原因是决策包含着价值判断。但是我们仍然能得到一些重要的信息。

（1）北欧国家的公共部门规模庞大，是因为公共服务的比重较大，而且转移支付手段应用很广泛。提高公共服务的效率对于减轻未来财政压力来讲，是一个重要因素。

（2）效率的提高，可以通过简化内部工作流程、改变组织结构、更充分地利用新技术，以及公务员再培训等形式实现。但是，通过这些方式提高效率是存在上限的，因为在很大程度上，公共机构具有目的性，而非糟糕设计、粗心大意或漠不关心的产物。如果一味效仿激烈市场竞争中那种用于激发创新和主动的高强度激励手段，不但绝无可能成功，甚至会误入歧途。低强度的激励手段很适合用于公共部门运作的特定任务——在这些任务中，对于利益的追求与对于社会福利（包括重要的平等目标）的追求不能完全相一致。

（3）因为公共部门是用来处理冗长的和困难的任务的，所以价格高昂。当有可能时，公共部门应该利用私营组织所特有的分配效率和生产效率。考虑到北欧公共服务的规模，这条途径是公共部门提高劳动生产力的最佳机会。

（4）从外包、私有化、代金券的使用和其他多种形式的公共与私营部门的合作中得到的经验，大多数是有积极作用的。明显的成本节约和更高的服务质量均得到了实现。竞争的引入是价值最重要的驱动力，因为竞争赋予了消费者和从事政府采购的官员新的选择。

（5）与其他国家相比，北欧国家似乎没有从外包中收获更多或更少的益处。有人可能会推测，北欧国家劳动力素质较高，非常适合进行外包活动，最终得到的回报也会比别的地方高。或许还会有人想，公共服务的质量已经非常之高，以至于外包所得会很少。但是从实证证据中并看不出以任何形式出现的一贯模式，虽然我们所接触到的证据还非常有限。

注释

[1] 当然，私营部门包括非利润最大化的企业，比如合作社、非营利组织等，但是私营领域的大部分活动都是由利润最大化企业来从事的。

[2] 参见 Holmström（1999）关于这种企业分析理论的更多论述。

[3] 在现代企业理论中，对于为什么企业内部分工会产生另一

个独立的企业，一般解释为分工会对一个独立企业产生追求利润的更大激励。这样做的代价是协调过程将被放弃，因为各个独立部门的目标将更加狭窄。参见 Hart（1995）。

[4] 参见 Rotschild 与 Stiglitz（1976）。

[5] 政府在处理道德危机问题上似乎没有优势。这也是不对称信息的另一个表征。

[6] 参见 Hart 等（1997），Holmström 和 Milgrom（1991）。

[7] 有证据表明，在美国，那些能从学生在标准化考试中的表现而得到奖励的老师，倾向于在教学中有所偏向，有些老师甚至会作弊。

[8] 引自 Prendergast（2003）。

[9] Tirole（1994）强调了任务的作用，并给出了更多论述。另见 Dixit（1996）关于层级制中低强度激励措施的论述。

[10] 引自 Prendergast（2003）。

[11] 据估计，沃尔玛在美国零售领域直接和间接生产收入中所占的份额约为 25%。

[12] 引自 Brynjolfsson 和 Hitt（2000）。

[13] 芬兰针对其高等教育体制，刚刚启动了一项宏伟而重要的改革计划。高校将成为独立的基金会，而不再是政府部门。每所高校都将设立外部托事会，托事会将保证高校校长及其管理机构在筹措和使用经费上有更大的自主权。很多管理细节还有待确定。最重要的改革举措之一是引入一套新的有效评估制度，这套体系将能提供关于科研与教学质量的可靠而独立的信息。若干年前，英国实行了这种制度，对政府资金在不同高校和领域间的分配产生了很大的影响，并产生了久违了的良性竞争。这个事例说明，有了政治与管理的高层做出的坚定行动，政府也可以通过加强激励措施和削减机构层级的手段，对自身进行内部重组。

[14] 然而，政府从服务外包中获取的利益，可能高也可能低，这取决于不同的环境条件。令我们意外的是，对于私营部门和公共部门从外包中得到的储蓄的比较研究几乎没

有人做过。

［15］关于该证据的更多细节，参见 OECD（2005）、Sjöström 等（2006），Jensen 和 Stonecash（2005）。

［16］引自 Kelman 和 Friedman（2007）。

［17］引自对 MedOne 公司董事长 Anssi Soila 的采访。

［18］参见 Jensen 和 Stonecash（2005）。

第九章
改革的原则

• 我们的目的是确认挑战、讨论折中方案、反对错误的解决方案、指出改革的方向

本报告集的目的不是大力褒扬北欧模式，虽然我们发现北欧模式具备很强的优势，且表现尚好。本报告集也不是为了宣扬厄运和悲观情绪，除非有一套具体的政策建议得到落实。其目标是很适度的，且十分有益：

（1）确立并解释北欧国家（以及其他国家）面对的一些主要挑战的本质，点明其中的折中方案；

（2）解释为什么很多公共辩论中建议的"解决方案"是基于错误的或是不切合实际的推断；

（3）指出北欧国家所呼吁的新思考、政策改革方向或领域，特别是针对芬兰的。

换句话说，报告分析了改革的需求和方向，以保持北欧模式在面临新挑战——特别是人口过渡方面的新挑战中的重要特征。这里重要特征指的是北欧模式向全球化开放和风险分担。宏观地说，我们相信改革应建立在该模式本身的优势之上，重

点应放，在维持风险分担的关键要素的同时提高工作的积极性上。

- 改革的最大障碍是骄傲自满

政策改革需要克服的最大障碍既不是缺乏解决问题的选择，也不是北欧模式一些自身固有的缺陷。最大的困难是我们的骄傲自满——鉴于往昔的成功，这一点是可以理解的。此外，与人口老龄化相关的问题只有在数十年后而非数年后才会完全实现。让政治意愿勇敢地采取措施解决当前并不尖锐但在久远的将来，尖锐问题是极其困难的——毕竟对社会和福利政策来说，一代人的时间是短暂的。

- 北欧国家有其"第三条路"的版本

北欧模式的优势在于协调其与开放和市场经济相关的风险和不确定性的能力。北欧这种独特的"第三条路"有两条分叉：一个是开放且运转良好的市场经济，另一个是庞大的、承担广泛责任的公共部门。但是，全球化、人口快速老龄化、北欧福利国家是一个具有挑战的三角形。过去表现良好的在未来可能不会延续了。

- 全球化、人口老龄化，以及大福利国家：一个苛刻的三角形

至少有三个领域呼吁新思考和决定性的改革：

第一，人口统计方面的变化强调有必要削减补助养老金并提高就业率：

- 削减养老金补助并提高工作量

（1）年轻人应更早地开始他们的职业生涯；高等教育所花的平均时间过长（例如，增收学费可能有用）；

（2）劳动力需求的改变要求教育机构进行调整，并要求提高就业人群在设计职业培训计划方面的作用；此外，特定的计划和有效的工作福利要素可被用于防止如辍学和被边缘化的人群的移民；

（3）养老金和税收政策应鼓励老年人延长其职业生涯，可通过削弱早退的动机、将养老金制度与寿命挂钩、为领取养老金的工作者提供更优厚的工资收入待遇来实现；

（4）可以放弃事实上以工作成本为闲暇补助的安排（例如芬兰的公休年假）；

（5）需要更好地将地区和职业的劳动力需求和供应匹配起来；可通过对失业救济金（持续时间、工作福利要素）、对财政激励的再分配施加更加严厉的限制，以支持劳工的流动性；

（6）去中心化的工资形成将整体提高劳动力市场的匹配度、完善其功能，并有助于改善人事政策（芬兰的一个地方可仿效瑞典和丹麦的"最佳实例"）；并

（7）移民政策应考虑经济需要，目标在于劳动力市场实现更高的移民吸纳率。

第二，即将出现的支出压力要求限定福利制度核心活动、限定政府责任、提高公共福利的效率：

（1）有效地明确养老金总体税收的上限（坚决向限定缴税制度发展），并采取措施确保养老金成本所允许的上限；

（2）通过引入竞争可提高公共服务效率，可通过精选服务外包、使用优惠券和向客户收费实现；

（3）应澄清（人们）所需私人部门所能补充的解决方案的范围，因此公民能清楚地了解他们所期待的公共医疗和

养老的状况。

第三，首要原则是，社会应该在投资人力资本和青年技术上有较高的抱负。人口统计的变化将逐渐导致老年人和青年人的利益冲突，例如，当决定中央和地方预算的时候，有多数人（老年人）以多数票击败少数人（青年人）的风险，可能意味着政策不会满足未来的需要。当在青年人身上花费资金时，投资会有更高的回报。只要青年一代人受到良好教育，并准备好应对未来的挑战，社会仍能保持健康和活力。这种宽广的原则应在许多方面支配政策的选择：

（1）我们应更多地投资教育，特别是大学层面的（教育和研究）；

（2）社会保障应及时关注有孩子的家庭的需求（保障高质量的日托设施和育婴假）；以及

（3）减轻青年人的相关税负，通过转变税收结构——从工资收入征税向消费税和房地产税转变（要与全球化的要求一致）

底线

● 现在是对机构再评估和重申价值观的时候了

应对机构进行再评估，同时需要重申北欧模式的一些价值观。例如，在今天这个全面实施社会保障和失业保障的时代，立法保护就业的理论基础必然大幅削弱。同样，当通胀率很高且很不确定时、宏观经济政策缺乏可靠性时，集体工资谈判就变得很有意义，但现在我们处在完全不同的世界。

● 我们将不得不提高工作量

北欧模式未来几年将面临该模式诞生以来最为严厉的政治

考验。该模式是在有利的人口环境中建立起来的。当第一次引入福利服务、第一次建立养老金制度时，改革受益人群远多于受害人群。福利国家的政治流动，特别是北欧强大的劳工运动，也因此一直被表述成为争取工人和所有公民"权利"的双赢斗争。此类政治论述仍在今天的竞选辩论中普遍存在，对于竞选人来讲，承诺给予更多有权享受的东西远比提醒选民动态预算限制或是迫近的人口挑战容易得多。

考虑到令人担忧的人口前景，许多改革会产生受益人群和受害人群。负责任的政客们将不得不认识到并承认，享受权利、福利的人群和为增加成本而融资的人群大体相当。世上没有能够开采的、从未使用过的资源贮备，也没有未利用的税基能够产生很多的财政余裕。所需的资源将不得不通过生产活动产生；我们无力供应"搭便车"的人群。

人们不得不提高工作量——更早地开启他们的职业生涯，提高平均工作小时数，并延迟退休。北欧国家并非注定陷入停滞、财政赤字或是高税率。我们可以保护并支持北欧模式——但是只有通过机制改革，政策改革才能实现，同时重申其致力于达到享有（福利）的权利与公民责任之间的适度平衡。

参考文献

Adema, W. and Ladaique, M. (2005): Net Social Expenditures, 2005 Edition, More Comprehensive Measures of Social Support, OECD Social, Employment and Migration Working Paper 29, Paris.

Agell, J. (2002): On the Determinants of Labour Market Institutions: Rent Seeking vs Social Insurance, German Economic Review 3 (2), pp. 107 – 135.

Aghion, P. and Howitt, P. (2005): "Appropriate Growth Policy: A Unifying Framework", mimeographed, Harvard University.

Alesina, A., Ardagna, S., Nicoletti, G. and Sciantarelli, F. (2005): Regulation and Investment, Journal of European Economic Association, 3, pp. 791 – 825.

Alesina, A. and Rodrik, D. (1994): Distributive Politics and Economic Growth, The Quarterly Journal of Economics, 109, pp. 405 – 490.

Andersen, T. M. and Pedersen, L. H. (2006): Financial

Restraint in a mature welfare state – the case of Denmark, Oxford Review of Economic Policy, 22 (3), pp. 313 – 329.

Andersen, T. M. and Svarer, M. (2007): Flexicurity – Labour Market Performance in Denmark, CESifo Working Paper Series No. 2108.

Baldwin, R. (2006): Globalisation: the great unbundling – (s), Prime Minister's Office, Economic Council of Finland, Helsinki.

Bergh, A. (2006): Explaining Welfare State Survival: The Role of Economic Freedom and Globalization, Ratio Working Papers No. 101.

Bergström, V. (2007): Rättvisa, solidaritet och anpassning. Landsorganisationens ekonomiska politik under fem årtionden. Atlas.

Blundell, R. W. and MaCurdy, T. (1999): Labor Supply: A Review of Alternative Approaches, in Ashenfelter, O. and Card, D. (eds.): Handbook of Labor Economics, vol 3A, Elsevier Science, Amsterdam.

Brynjolfsson, E. and Hitt, L. (2000): Beyond Computation: Information Technology, Organizational Transformation and Business Performance, Journal of Economic Perspectives, Vol. 14, No. 4, pp. 23 – 48.

Böckerman, P. and Uusitalo, R. (2006): Erosion of the Ghent System and Union Membership Decline: Lessons from Finland. British Journal of Industrial Relations, 44: 2, pp. 283 –

303, June 2006.

Cahuc, P. and Zylberberg, A. (2004): Labor Economics. The MIT Press, Cambridge, Massachusetts.

Calmfors, L. and Driffill, J. (1988): Bargaining Structure, Corporatism and Macroeconomic Performance, Economic Policy 6, pp. 13 – 61.

Carone, G. (2005): Long – Term Labour Force Projections for the 25 EU Member States: A Set of Data for Assessing the Economic Impact of Ageing, European Commission, Economic Paper No. 235.

Conway, P., Janod, V. and Nicoletti, G. (2005): Product Market Regulation in OECD Countries 1998 to 2003, OECD Economics Department Working Paper, no. 419.

Corak, M. (2006): Do Poor Children Become Poor Adults? Lessons from a Cross Country Comparison of Generational Earnings Mobility, Research on Economic Inequality, 13 (1), pp. 143 – 188.

Dantas, C., Rosa, M. and Raade, K. (2006): Profitability of Venture Capital Investment in Europe and the United States, European Commission, Economic Paper No. 245.

de Serres, A., Kobayakawa, S., Slök, T. and Vartia, L. (2006): Regulation of financial systems and economic growth, Economics Department Working Papers No. 506.

Dickens, W. T., Götte, L., Groshen, E. L., Holden, S., Messina, J., Schwitzer, M. E., Turunen, J. and Ward, M. E.

(2006): "How wages change? – micro evidence from the international wage flexibility project", European Central Bank Working Paper 697, November 2006.

Dixit, A. (1996): The Making of Economic Policy: A Transactions Cost Politics Perspective. Cambridge: MIT Press.

Edin, P. -A., Holmlund, B. and Skans, O. (2007): Wage Dispersion Between and Within Plants, NBER Working Paper 13021, National Bureau of Economic Research, Cambridge, MA.

EEAG (2006): The EEAG Report on the European Economy 2006, European Economic Advisory Group at CESifo.

EEAG (2007): The EEAG Report on the European Economy 2007, European Economic Advisory Group at CESifo.

Eissa, N. and Liebman, J. (1996): Labor Supply Response to the Earned Income Tax Credit. Quarterly Journal of Economics 61 (1996), pp. 605 – 637.

European Commission (2006): The long – term sustainability of public finances in the European Union, European Economy, no 4.

Forslund, A. and Holmlund, B. (2003): Arbetslöshet och arbetsmarknadspolitik. IFAU (Institutet för Arbetsmarknadspolitisk Utvärdering), Rapport 2003: 6.

Fredriksson, P. and Holmlund, B. (2006): Improving Incentives in Unemployment Insurance: A Review of Recent Research, Journal of Economic Surveys 20: 3, pp. 357 – 386.

Fredriksson, P. and Johansson, P. (2003): Employment,

Mobility and Active Labor Market Programs. IFAU – Institute for Labour Market Policy Evaluation Working Paper 2003：3.

Hart, O. (1995)：Firms, Contracts and Financial Structure. Oxford：Oxford University Press.

Hart, O., Shleifer, A. and Vishny, R. (1997)：The Proper Scope of Government：Theory and Application to Prisons, Quarterly Journal of Economics, 112：pp. 1127 – 1161.

Hartog, J. and Teulings, C. (1998)：Corporatism or Competition? Cambridge University Press.

Heyman, F. (2005)：Pay inequality and Firm Performance：Evidence from Matched Employer – Employee Data, FIEF Working Paper 186, Stockholm.

Hirschman, A. O. (1970)：Exit, Voice, and Loyalty：Responses to Decline in Firms, Organizations, and States. Cambridge, MA：Harvard University Press.

Holden, S. (2005)：Monetary regimes and the co-ordination of wage setting". European Economic Review 49, pp. 833 – 843.

Holden, S. and Wulfsberg, F. (2007)：How strong is the macroeconomic case for downward real wage rigidity? Manuscript, 22 October 2007 (http：//folk. uio. no/sholden/DRWR. pdf).

Holmström, B. and Milgrom, P. (1991)：Multitask Principal Agent Analysis, Journal of Law, Economics, and Organization, 7：pp. 24 – 52.

Holmström, B. (1999)：The Firm as a Subeconomy, Journal of Law, Economics and Organization, 15 (1), pp. 74 – 102.

Honkapohja, S. , Koskela, E. , Leibfritz, W. and Uusitalo, R. (2008): Economic Prosperity Recaptured: The Finnish Path from Crisis to Fast Growth, MIT Press, forthcoming.

Hujanen, T. , Pekurinen, M. and Häkkinen, U. (2006): Terveydenhuollon ja vanhustenhuollon alueellinen tarve ja menot 1993 - 2004, Työpapereita 11/2006, Stakes.

Jensen, P. H and Stonecash, R. E. (2005): Incentives and the Efficiency of Public Sector - Outsourcing Contracts, Journal of Economic Surveys, 19 (5), pp. 767 - 787.

Jonung, L. and Hagberg, T. (2005): How Costly Was the Crisis of the 1990s? A Comparative Analysis of the Deepest Crises in Finland and Sweden over the Last 130 Years, European Commission Economic Papers, No. 224, March 2005.

Jorgenson, D. and Griliches, Z. (1967): The Explanation of Productivity Change, Review of Economic Studies, 34, pp. 249 - 283.

Kelman, S. and Friedman, J. N. (2007): Performance Improvement and Performance Dysfunction: An Empirical Examination of Impacts of the Emergency Room Wait - Time Target in the English National Health Service, RWP07 - 034, Kennedy School of Government, Harvard University.

Kleven, H. J. and Kreiner, C. T. (2006): The marginal cost of public funds: hours of work versus labour force participation, CEPR Discussion Paper Series No. 5594.

Konjunkturinstitutet: Konjunkturläget, December 2006.

Konjunkturinstitutet: Lönebildningsrapporten 2006.

Konjunkturinstitutet: Lönebildningsrapporten 2007.

Korkman, S. , Lassila, J. , Määttänen, N. and Valkonen, T. (2007): Hyvinvointivaltion rahoitus – Riittävätkö rahat, kuka maksaa? Elinkeinoelämän Tutkimuslaitos, B230, Taloustieto Oy.

Lindbeck, A. (2006): The Welfare State – Background, Achievements, Problems, Research Institute of Industrial Economics, Working paper No. 662, Stockholm.

Lundborg, P. (2005): Individual Wage Setting, Efficiency Wages and Productivity in Sweden, FIEF Working Paper 205, Stockholm.

Maddison, A. (1995): The World Economy, 1820 – 1992. OECD, Paris.

Mahler, V. and Jesuit, D. (2006) : Fiscal redistribution in the developed countries: new insights from the Luxembourg Income Study, Socio-economic Review, pp. 483 – 511.

Ministry of Finance (2006): Stability programme for Finland, Economic and Policy Surveys 4b/2006.

OECD (2004): Employment Outlook, OECD, Paris.

OECD (2005): Modernizing Government – The Way Forward.

OECD (2006): Economic Outlook 79, Paris.

OECD (2006): Finland – Economics Surveys, 2006/5, Paris.

OECD (2006): Projecting OECD Health and Long – term

care expenditures: What are the main drivers, OECD Economics Department Working Paper 477.

OECD (2007): Benefits and Wages, www.oecd.org/els/social/workincentives.

OECD (2007): Economic Outlook No. 81, May 2007 – 11 – 15.

OECD (2007): Pensions at a Glance.

OECD (2007): Revenue Statistics 1965 – 2006.

OECD (2007): Social Expenditure Database 1980 – 2003.

Prendergast, C. (2003): The Limits of Bureaucratic Efficiency, Journal of Political Economy, 111 (5): pp. 929 – 958.

Rodrik, D. (1998): Why Do More Open Economies Have Bigger Governments?, Journal of Political Economy 105 (6), October 1998, pp. 997 – 1032.

Rogerson, R. and Wallenius, J. (2007): Micro and Macro elasticities in a Life Cycle Model With Taxes. NBER Working Paper 13017, National Bureau of Economic Research, Cambridge, MA.

Rothschild, M. and Stiglitz, J. (1976): Equilibrium in Competitive Insurance Markets: An Essay on the Economics of Imperfect Information, Quarterly Journal of Economics.

Sandmo, A. (1998): The Welfare State: a theoretical framework for justification and criticism, Swedish Economic Policy Review, Vol. 5 Nr 1, spring 1998, pp. 11 – 33.

Sanz, I. and Coma, F. (2007): Support for Globalisation

and the Welfare State, translated from Spanish, http://www.realinstitutoelcano.org/analisis/1103.asp.

Sattinger, M. (1993): Assignment models of the distribution of earnings. Journal of Economic Literature 31: 2, pp. 831 – 880.

Sjöström, A. - K., Eriksson, I., Eklund, N. and Selin, J. (2006): Effektivare statlig verksamhet med private medverkan, ESV: 15, Ekonomistyrningsverket, Stockholm.

Thakur, S., Keen, M., Horvath, B. and Cerra, V. (2003): Sweden's Welfare State. Can the Bumblebee Keep Flying?, IMF.

The Conference Board and Groningen Growth and Development Centre, Total Economy Database, 2007, January.

Timmer, M. P., O'Mahony, M. and van Ark, B. (2007): EU KLEMS Growth and Productivity Accounts: An Overview, mimeo, available at www.euklems.net.

Timmer, M. P., Ypma, G., and van Ark, B. (2003): IT in the European Union: Driving Productivity Divergence?, GGDC Research Memorandum GD – 67, October.

Tirole, J. (1994): The Internal Organization of Government, Oxford Economic Papers, 46: pp. 1 – 29.

Uusitalo, R. and Hakola, T. (2001): Let's Make a Deal – the Impact of Social Security Provisions and Firm Liabilities on Early Retirement. VATT Discussion Papers 260.

Uusitalo, R. and Vartiainen, J. (2007): Firm factors in wages and wage changes. In Lazear, E. and Shaw, K. (eds.):

Wage Structure, Raises and Mobility: International Comparisons of the Structure of Wages Within and Across Firms, University of Chicago Press, forthcoming.

Vaittinen, R. and Vanne, R. (2006): Government Finances by Age in Finland, Finnish Centre for Pensions, Working Paper 3/2006.

Westergaard-Nielsen, N. and Eriksson, T. (2007): Wage and Labor Mobility in Denmark, 1980-2000, NBER Working Paper 13064, National Bureau of Economic Research, Cambridge, MA.

图书在版编目(CIP)数据

北欧模式：迎接全球化与共担风险/(丹)安德森(Andersen, T. M.)等著；陈振声，权达，解放译.—北京：社会科学文献出版社，2014.9

ISBN 978 - 7 - 5097 - 6420 - 6

Ⅰ.①北… Ⅱ.①安… ②陈… ③权… ④解… Ⅲ.①经济发展模式 - 研究 - 北欧 Ⅳ.①F153.00

中国版本图书馆 CIP 数据核字（2014）第 193818 号

北欧模式
——迎接全球化与共担风险

著　　者	/ 托本·M. 安德森　本特·霍尔姆斯特朗　塞波·洪卡波希亚 等
译　　者	/ 陈振声　权　达　解　放
出 版 人	/ 谢寿光
项目统筹	/ 王玉敏　李延玲
责任编辑	/ 董晓舒　王玉敏
出　　版	/ 社会科学文献出版社·全球与地区问题出版中心（010）59367004
	地址：北京市北三环中路甲29号院华龙大厦　邮编：100029
	网址：www.ssap.com.cn
发　　行	/ 市场营销中心（010）59367081　59367090
	读者服务中心（010）59367028
印　　装	/ 北京季蜂印刷有限公司
规　　格	/ 开本：787mm×1092mm　1/16
	印张：12.5　字数：137千字
版　　次	/ 2014年9月第1版　2014年9月第1次印刷
书　　号	/ ISBN 978 - 7 - 5097 - 6420 - 6
著作权合同登记号	/ 图字01 - 2012 - 8479号
定　　价	/ 49.00元

本书如有破损、缺页、装订错误，请与本社读者服务中心联系更换

版权所有 翻印必究